Georg Jellinek

Verfassungsänderung
und
Verfassungswandlung

Elibron Classics
www.elibron.com

Elibron Classics series.

ISBN 1-4212-1357-5 (paperback)
ISBN 1-4212-1356-7 (hardcover)

This Elibron Classics Replica Edition is an unabridged facsimile of the edition published in 1906 by O. Häring, Berlin.

Verfassungsänderung

und

Verfassungswandlung

Eine staatsrechtlich-politische Abhandlung

von

Dr. Georg Jellinek,

ord. Professor der Rechte an der Universität Heidelberg.

Berlin.

Verlag von O. Häring.

1906

Pierersche Hofbuchdruckerei Stephan Geibel & Co. in Altenburg.

Den

alten Wiener Freunden und Schülern

in

treuer Erinnerung

gewidmet.

Vorrede.

Der vorliegenden Abhandlung liegt ein Vortrag zugrunde, den ich am 18. März dieses Jahres in der Wiener Juristischen Gesellschaft gehalten habe. Zu jenem Zwecke konnte aber damals nur ein kleiner Teil des mir zu Gebote stehenden Materials verwertet werden, und meine Ausführungen haben daher durchwegs, namentlich aber diejenigen, welche die Wandlungen des modernen Parlamentarismus behandeln, gründlichste Durcharbeitung und Erweiterung erfahren.

Der Gang der Untersuchung bewegt sich auf der Grenzlinie von Staatsrecht und Politik. Ich habe stets die methodische Scheidung und die wissenschaftliche Verbindung beider Disziplinen vertreten. Heute jedoch, wo das Staatsrecht in Deutschland bereits eine so reiche juristische Durchbildung erfahren hat, tritt das Bedürfnis nach ergänzender und vorwärts treibender politischer Forschung, wie im Text näher ausgeführt, immer stärker hervor. Überblicken wir die reiche politische Literatur des Auslandes, namentlich die der westlichen Völker, und sehen wir, wie eingehend unsere staatlichen Einrichtungen studiert werden, ohne dafs wir solches in entsprechender Weise erwidern, so ergreift uns das bange Gefühl, wir könnten auf einem wichtigen Gebiete der Wissenschaft zurückbleiben. Bei keinem grofsen Kulturvolk ist gegenwärtig, da wir wieder in einem gewaltigen Umbildungsprozesse der inneren und äufseren Verhältnisse der Staaten stehen, ein so geringes Interesse an politischen Fragen vorhanden wie bei uns. Wir sind heute ein sattes Volk, dem es Unbehagen verursacht, den grofsen Problemen des Staatslebens auf den Grund zu blicken, und wir begnügen uns damit, die politischen Tagesaufgaben in alltäglicher Weise zu behandeln.

Es ist daher wohl nicht ganz verdienstlos, wenn ich auf einige höchst bedeutungsvolle Fragen der Politik hinweise, die in der deutschen Wissenschaft bisher nur gestreift wurden, anderswo aber bereits eingehende Erörterung gefunden haben. Ich brauchte nicht bereits an dieser Stelle die später wiederholte Erklärung abzugeben, dafs ich als Erkennender, nicht als Wollender schreibe, wenn es nicht so vielen recht schwer fiele, Feststellung des Seienden von Billigung und Mifsbilligung des Werdenden zu unterscheiden. Gewifs, wer Politik lehrt, mufs sich auf Widerspruch gefafst machen. Doch möge, wer mir entgegentritt, es versuchen, mein Wissen und Können, nicht aber meine Gesinnungen zu kritisieren.

Heidelberg, im Juni 1906.

Georg Jellinek.

Inhaltsverzeichnis.

I.

Die Ideen, welche zur Schöpfung der modernen Verfassungsurkunden geführt haben, sind nicht mit einem einzigen Schlagwort zu bezeichnen: jedes historische Resultat ergibt sich aus einer oft unübersehbaren Vielheit von Ursachen. An anderer Stelle habe ich die wichtigsten Wege gezeigt, auf denen die Forderung geschriebener Verfassungen und deren Erfüllung zustande gekommen ist[1]). Mitbestimmend für dieses Ergebnis war aber nicht in letzter Linie der im Zeitalter des Rationalismus so mächtige Glaube an die Macht bewufster menschlicher Gedankenschöpfung. Die Schäden der Gesellschaft zu heilen, ist der Gesetzgeber berufen, der Herrscher im Staate, dessen erleuchteter Wille alles Übel, soweit menschliche Kraft dies vermag, zu bannen imstande ist. Und über dem Gesetzgeber erhebt sich noch die höchste Macht der Grundgesetze, die festen Quadern, auf denen der ganze Staatsbau selbst ruht. Unerschütterlich durch die von ihnen eingesetzten Gewalten, nur nach ihren eigenen, schwer zu handhabenden Normen abänderlich, sollen diese Grundgesetze das Leben des Staates vermöge ihrer unwiderstehlichen Kraft in ferne Zeiträume leiten.

Sobald diese Gedanken zur Wirklichkeit werden, ergibt sich aber, dafs die Festigkeit der Grundgesetze keine gröfsere ist als die anderer Gesetze. Neuschöpfungen von Verfassungen und tiefgreifende Verfassungsänderungen haben sich in vielen Staaten aneinandergereiht, die Erfahrung hat den Glauben an die Weisheit des Verfassungsgesetzgebers, wie den an die

[1]) Allgemeine Staatslehre, 2. Aufl., S. 491ff.

Weisheit des in seiner inneren Wesenheit so mystischen Gesetzgebers überhaupt erschüttert. Wir wissen heute, dafs Gesetze viel weniger vermögen, als man noch vor einem Jahrhundert glaubte, dafs sie stets nur ein Sollen bedeuten, dessen Umsetzung in Sein niemals in vollem Umfange stattfindet, dafs das reale Leben daher stets Tatsachen erzeugt, welche dem vernünftigen Bilde, das der Gesetzgeber zeichnet, nicht entsprechen. Und dieses Irrationale der Wirklichkeit bedeutet nicht etwa nur eine Nichtübereinstimmung von Norm und Leben. Vielmehr wendet es sich gegen die Norm selbst. Der Gesetzgeber steht Mächten gegenüber, die er zu beherrschen sich berufen glaubt, die sich aber oft ganz unvermerkt gegen ihn erheben, ja sich an seine Stelle zu setzen erkühnen. Und diese Mächte machen keineswegs vor den höchsten und tiefsten Gesetzen Halt. Die Grundgesetze, wie alle anderen, sind mit unentrinnbarer Notwendigkeit, mag dies zugegeben werden oder nicht, in den Flufs des historischen Geschehens gestellt. Darum ist es vom höchsten Interesse, dem Problem näher zu treten, auf welchen Wegen unsere geschriebenen Verfassungen abgeändert werden können.

Dieses Problem scheint allerdings auf den ersten Blick leicht und einfach zu beantworten.

Verfassungen enthalten Rechtssätze, und alles Recht wird entweder durch Gesetz, Gewohnheitsrecht, und, wie die einen behaupten, die anderen bestreiten, durch Juristenrecht geändert und fortgebildet. Mit der blofsen Konstatierung dieser allgemeinen Kategorien erhalten wir aber keinen Einblick in das Wesen sehr merkwürdiger und sehr interessanter Vorgänge, die entweder mit deutlicher Sichtbarkeit oder aber ganz allmählich, nur durch geschärfte Betrachtung zu erschliefsen, die bestehenden Grundlagen des Staates durch andere ersetzen. Nicht von den farblosen Etiketten, welche diesen Vorgängen aufgeklebt werden können, sondern von eingehender Erkenntnis ihrer Art und ihres Wirkens soll im folgenden gehandelt werden. Eigentümlich genug, bin ich nicht imstande, auf irgendeine literarische Ergänzung dieser Erörterungen zu verweisen, da unser Problem nur gelegentlich allgemeiner Untersuchungen über die Rechtsquellen, nirgends im Zusammenhang aller seiner Einzelheiten untersucht wurde.

Unter Verfassungsänderung will ich die durch absichtliche Willensakte herbeigeführte Änderung der Verfassungstexte, unter Verfassungswandlung diejenige Änderung verstehen, die diese Texte formell unverändert bestehen läfst und durch Tatsachen hervorgerufen wird, die nicht von der Absicht oder dem Bewufstsein einer solcher Änderung begleitet sein müssen[1]). Ich brauche wohl kaum zu bemerken, dafs die Lehre von den Wandlungen viel interessanter ist als die von den Änderungen. Und doch bieten auch diese, denen wir uns zunächst in kurzen Zügen zuwenden wollen, manche merkwürdige Erscheinungen dar.

II.

Die Theorie schreibt dem souveränen Staate unbegrenzte Willensmacht zu. Daher kann er auch seine Verfassung nach Gutdünken ändern, aufheben, eine andere an deren Stelle setzen. Und nicht etwa nur auf dem Wege des Rechtes. Die Verfassung eines Staates kann durch Gewalt eine totale Umwälzung erleiden. Jede Revolution zielt auf Verfassungsänderung. Da es über dem Staate keine Macht gibt, die solche Umwälzungen, mögen sie aus den Höhen oder den Tiefen kommen, ungeschehen machen kann, so schafft jede gelungene Revolution neues Recht[2]).

Bei dem Thema: Verfassungsänderung durch Revolution, erhebt sich sofort eine interessante Frage: Wie weit kann diese Änderung gehen? Wenn eine Verfassung formell gänzlich beseitigt und durch eine andere ersetzt ist, ist diese

[1]) Ähnlich Laband, Wandlungen der deutschen Reichsverfassung, 1895, S. 2f.

[2]) Die Fragen nach der Verfassungsänderung durch völkerrechtliche Tatsachen (Eroberung, Einverleibung, Lostrennung von Staaten) sowie nach der Bedeutung von Zwischenherrschaften bleiben hier aufser Betracht.

frühere Verfassung derart erloschen, dafs keiner ihrer Sätze fernerhin Gültigkeit hat? Es ist die Frage nach den Grenzen revolutionären Umsturzes des Bestehenden, die zunächst kurz berührt werden soll.

Die Antwort finden wir in dem Lande, das wie kein zweites seine Staatsordnung durch eine fortlaufende Reihe von Revolutionen umgebildet hat, in Frankreich[1]). Festgestellt sei hier nur die Tatsache, dafs die Septemberrevolution von 1870 die Verfassung des zweiten Kaiserreiches gänzlich beseitigt hatte, und nach manchen Schwankungen ist sodann in einer Zahl von Gesetzen aus dem Jahre 1875 die heutige Verfassung Frankreichs geschaffen worden. Diese Gesetze erwähnen mit keinem Worte des Stolzes der Franzosen, ihrer Erklärung der Menschen- und Bürgerrechte, sowie der garantierten Grundrechte[2]). Einstimmig erklären aber die staatsrechtlichen Autoritäten der Franzosen, dafs die Prinzipien von 1789, so vieldeutig sie auch sein mögen, nicht beseitigt seien, trotzdem kein Verfassungsartikel sie heute anerkenne[3]). Sie sind nicht aufgehoben, weil sie unaufhebbar sind. Ferner ist das Prinzip der Unabsetzbarkeit des Richters, das die Verfassung vom 21. Mai 1870 (Art. 15) ausgesprochen hatte, nicht in die heutige Verfassungsgesetzgebung aufgenommen worden. Nichtsdestoweniger wird es auch heute ohne ausdrückliche verfassungsmäfsige Sanktion als geltend angesehen. Nur wird ihm nunmehr nur die Kraft eines einfachen, nicht eines Verfassungsgesetzes zugeschrieben, daher es auch durch das Gesetz vom 30. August 1883 provisorisch suspendiert werden konnte[4]).

---

[1]) Wenigstens in Europa. Mexiko hat es im Zeitraum von 1821—1853 auf achtundvierzig verschiedene Regierungsformen gebracht, vgl. Lecky, Democracy and Liberty, New ed. 1899, I, p. 34.

[2]) Die unmittelbar vorhergehende Verfassung des zweiten Kaiserreiches (Senatus-Consulte vom 21. Mai 1870) hatte im Art. I erklärt: „La Constitution reconnaît, confirme et garantit les grands principes proclamés en 1789, et qui sont la base du droit public des Français“.

[3]) Vgl. Esmein, Élements de droit constitutionnel 3e éd., 1903, p. 397ff.; Lebon, Staatsrecht der französischen Republik, 1886, S. 27.

[4]) Vgl. Esmein, a. a. O. p. 361f.

Aus solchen Tatsachen werden wir den Schlufs ziehen, dafs Aufhebung von Gesetzen nicht notwendig auch Aufhebung der in ihnen enthaltenen Rechtssätze zur Folge hat. Sie können weiterhin als Gewohnheitsrecht gelten, wohl ein Beweis dafür, dafs sie bereits vor der Aufhebung des Gesetzes den Doppelcharakter als Gesetzes- und Gewohnheitsrecht hatten, was allerdings während der Dauer des Gesetzes nicht zum Bewufstsein kommen konnte. Daran kann sich die weitere interessante Frage knüpfen, inwieweit in Gesetzesform gefafstes Gewohnheitsrecht dadurch diesen Charakter gänzlich verliert.

Für die Frage nach der Verfassungsänderung durch Revolution ergibt sich aber die wichtige Lehre, dafs sie grundsätzlich nur das Gesetzes-, nicht das Gewohnheitsrecht trifft. Nur da, wo das Gewohnheitsrecht mit bestimmten Gesetzen unlösbar verbunden ist, fällt natürlich auch mit dem einen das andere.

Anders steht die Sache in Staaten ohne geschriebene Verfassung, deren es allerdings heute in vollem Umfange in der zivilisierten Staatenwelt nicht mehr gibt. Es gibt Staaten ohne Verfassungsurkunden und ohne formelle Verfassungsgesetze, aber ein Teil der materiellen Verfassungsrechte ist heute überall kodifiziert. Das vom Gesetze leer gelassene Gebiet in solchen Staaten kann bei Staatsumwälzungen nur durch Gesetz ausgefüllt werden. Die auf dem common law beruhenden zwei Häuser des englischen Parlaments konnten unter Cromwell nur durch Gesetz in eine Kammer verwandelt und an Stelle der durch kein Gesetz geschaffenen königlichen Gewalt die des Protektors nur durch Gesetz eingesetzt werden. Solche Gesetze sind aber stets nach der neuen Ordnung der Dinge zu beurteilen.

Die Lehre von der gesetzlichen Änderung der Verfassungen bietet dieselben Probleme dar, wie die von der Änderung der Gesetze überhaupt. Nur auf eine wichtige Erscheinung sei hier hingewiesen. Verfassungsgesetze können, wie andere, auf dreifachem Wege geändert werden. Sie können gänzlich aufgehoben, einen anderen Wortlaut erhalten oder durch nachfolgende derogierende Gesetze aufser Kraft gesetzt werden. Ausschliefslich der letzte Weg wird in den Vereinigten Staaten beschritten. Dort ist an dem Text der Verfassungsurkunde von 1787 bis auf den heutigen Tag kein Buchstabe geändert worden, wohl aber sind fünfzehn Zusätze zur Verfassung hinzugekommen, die einige Bestimmungen des Hauptinstrumentes inhaltlich ändern. Es gibt aber Staaten, wo die verschiedenen Systeme nach Willkür benutzt werden, was zu sehr befremdlichen Zuständen führen kann. So vor allem im Deutschen Reiche. Es herrscht hier eine unglaubliche Systemlosigkeit bezüglich der Verfassungsänderung, die zur Folge hat, dafs heute niemand aus dem Texte der Verfassung ein auch nur einigermafsen zutreffendes Bild von den Grundlagen des Reiches erhält. So sei gleich auf den ersten Artikel der Verfassung hingewiesen, der vom Reichsgebiete handelt. Mit keiner Silbe ist da des Reichslandes Elsafs-Lothringen erwähnt. Sodann Art. 20, der die Gesamtzahl der Reichstagsmitglieder mit 382 angibt, während sie in Wahrheit 397 beträgt; es sind nämlich 15 Abgeordnete aus Elsafs-Lothringen noch hinzugekommen. Beides ist in den auf Elsafs-Lothringen bezüglichen Gesetzen ausgesprochen, die nicht den geringsten Einflufs auf die Textierung der Verfassung gehabt haben. Art. 17 erklärt den Reichskanzler allein zur Gegenzeichnung der kaiserlichen Akte zuständig, das Stellvertretungs-Gesetz vom 17. März 1878 läfst die Gegenzeichnung durch Stellvertreter des Reichskanzlers zu. Art. 50 weist dem Kaiser die Erlassung des Postreglements zu, das Gesetz über das Postwesen[1]) hingegen überträgt sie dem Reichskanzler unter Mitwirkung des Bundesrates in einzelnen Punkten. Diesen Beispielen liefsen sich noch viele andere hinzufügen[2]). Zudem hat die Verfassung durch zahlreiche Gesetze materielle Ergänzungen erfahren, die nicht in ihren

---

[1]) Vom 28. Oktober 1871, § 50.

[2]) Vgl. darüber Laband, Das Staatsrecht des Deutschen Reiches, 4. Aufl., I, S. 36, und derselbe, Wandlungen, S. 4.

Text aufgenommen worden sind. Von dem ganzen umfassenden Behördensystem des Reiches ist im Texte der Verfassung nur wenig zu finden. Nur vom Reichskanzler, den Reichskommissaren für Zölle und Steuern, den Post- und Telegraphenbehörden, den Konsuln, der Kriegsmarine und einigen Offizieren des Landheers ist in ihr die Rede. Zu den in der Verfassung aufgezählten Steuern sind eine Reihe anderer hinzugekommen, welche das Steuersystem des Reiches ergänzen. Dadurch hat die Reichsverfassung den Charakter eines Fragments erhalten, das uns nur von einem Teil der grundlegenden Institutionen des Reiches berichtet.

Ein ganz abnormer Zustand aber ist durch die Reichsverfassung in den Verfassungen der deutschen Gliedstaaten eingetreten. Sie sind durch Reichsgesetze in einer Weise durchlöchert worden, die der sachunkundige Leser nicht im entferntesten ahnt. Man nehme z. B. die preufsische Verfassung zur Hand. Ein sehr grofser Teil ihrer Sätze ist ganz oder teilweise durch Reichsrecht ersetzt worden. Selbst wenn wir in der Verfassungsurkunde lesen, dafs die Freiheit der Auswanderung nur durch die Wehrpflicht beschränkt werden kann, dafs die Zivilehe eingeführt wird, dafs die Zensur nicht eingeführt werden darf, dafs das Briefgeheimnis unverletzlich ist, dafs alle Preufsen wehrpflichtig sind, dafs der König im Kriegsfalle den Landsturm nach Mafsgabe des Gesetzes aufbieten kann, so sind das alles nicht mehr geltende Sätze, weil auch das inhaltlich mit einer späteren reichsrechtlichen Norm übereinstimmende Landesrecht durch jene aufgehoben ist. Dadurch ist aber Preufsen gehindert, die betreffenden Sätze in seiner Verfassung zu streichen. Es wäre reichsverfassungswidrige Anmafsung eines deutschen Staates, wollte er durch neues Landesgesetz das aufheben, was bereits aufgehoben ist. Der einzig mögliche Weg, die deutschen Einzelstaatsverfassungen in ihrem Texte mit dem gegebenen Rechtszustande in Einklang zu bringen, wäre gänzliche Aufhebung der bestehenden Verfassungen und deren Ersetzung durch neue. Das ist in den Hansestädten Lübeck und Hamburg geschehen[1]). Die anderen Staaten schleppen aber den Ballast aufgehobener Gesetze in ihren Verfassungsurkunden weiter fort[2]).

III.

Verfassungsgesetze pflegen mit besonderen Garantien ihrer Unverbrüchlichkeit umgeben zu werden. Man hat erschwerende Formen mannigfacher Art erdacht, um sie gegen überstürzte Abänderung zu schützen. Nur wo solche Formen vorhanden sind, kann man von besonderen Verfassungsgesetzen im Rechtssinne sprechen. Wo sie fehlen, da unterscheiden sich staatsrechtlich die also bezeichneten Gesetze in nichts von anderen[3]). Die praktischen Erfahrungen aber, die man mit diesen Hemmungsmitteln der Verfassungsänderung gemacht hat, haben nicht den Erwartungen entsprochen, die man in ihre Wirksamkeit gesetzt hat. Gewiſs, Änderungen, die auf den ersten Blick in die Augen springen, werden nur unter Beobachtung der vorgeschriebenen Formen vorgenommen werden können. Wird an Stelle eines verfassungsmäſsig beschränkten ein allgemeines, an Stelle eines verfassungsmäſsig allgemeinen ein be-

---

[1]) Am korrektesten ist der Text der lübeckschen Verfassung vom 7. April 1875, der nunmehr nur landesrechtliche Sätze enthält. Art. 2 dieser Verfassung spricht zwar von der lübeckschen Staatsangehörigkeit, jedoch unter ausdrücklicher Verweisung auf das Reichsrecht. Hamburg aber (das auch einen ähnlichen verfassungsmäſsigen Hinweis auf das Staatsangehörigkeitsgesetz aufstellt) wiederholt in der heute geltenden Verfassung vom 13. Oktober 1879, Art. 5, eine Norm des Reichsgesetzes vom 3. Juli 1869 über die Gleichberechtigung der Konfessionen. Bremen hingegen hat in der revidierten Verfassung vom 1. Januar 1894 in dem Abschnitt über die Rechte der bremischen Staatsgenossen eine ganze Zahl reichsgesetzlich aufgehobener Bestimmungen unverändert gelassen.

[2]) Die Verfassungen von Württemberg (§ 3), Baden (§§ 1, 2), Hessen (Art. 2) u. a. erklären heute noch die betreffenden Staaten als Teile des Deutschen Bundes und legen dem Monarchen das Recht bei, die Beschlüsse des seligen Frankfurter Bundestages als Bundesgesetze zu verkündigen. Die braunschweigsche Verfassung verweist (§ 31) noch immer auf die Bundestagsbeschlüsse gegen den Miſsbrauch der Preſsfreiheit! Die Zahl dieser landesstaatsrechtlichen Kuriosa lieſse sich hier leicht vermehren.

[3]) Vgl. Jellinek, Allgemeine Staatslehre, S. 520.

schränktes Wahlrecht gesetzt, so kann das natürlich nur in einem in den Formen der Verfassungsänderung zustande kommenden Gesetze geschehen. Allein die Grenzen der Verfassung wie alle vom Gesetze gezogenen Grenzlinien sind stets zweifelhaft, und keine Gewähr ist dafür gegeben, dafs Gesetze, die auf dem Boden der geltenden Verfassung stehen wollen, nicht dennoch gegen sie verstofsen und dadurch eine nicht oder doch wenigstens nicht ausdrücklich gewollte Abänderung der Verfassung herbeiführen. Verfassungssätze sind oft unklar und dehnbar, und der Gesetzgeber erst gibt ihnen durch Ausführungsgesetze einen festen Sinn, ganz wie erst der Richter den Inhalt der von ihm anzuwendenden Gesetze klar zum Bewufstsein bringt. Wie nun überall die Rechtsprechung bei gleichbleibenden Gesetzestexten den wandelnden Anschauungen und Bedürfnissen der Menschen unterliegt[1]), so auch der Gesetzgeber, wenn er durch Einzelgesetze die Verfassung interpretiert. Was einer Zeit als verfassungswidrig erscheint, stellt sich der folgenden Epoche als verfassungsmäfsig dar und so erleidet die Verfassung durch Wandlung ihrer Interpretation selbst eine Wandlung. Und nicht etwa nur der Gesetzgeber kann solche Wandlung hervorrufen: auch die Praxis der Parlamente sowie der Regierungs- und Gerichtsbehörden kann solches tun und tut es auch wirklich. Sie haben die Gesetze und daher auch die Verfassungsgesetze zu interpretieren, und unter ihrer Hand kann ein Verfassungsgesetz allmählich eine ganz andere Bedeutung im Rechtssysteme erhalten, als ihm ursprünglich innewohnte. Was zuvörderst die Parlamente anbelangt, so haben sie in

[1]) Die durch O. Bülow, Gesetz und Richteramt, 1885, begründete Lehre von der rechtschaffenden Gewalt des Richters gewinnt immer mehr Anhänger. Vgl. aus der neuesten Literatur u. a. Unger, Über die Haftung des Staates für Verzugs- und Vergütungszinsen in Grünhuts Zeitschrift XXXI, 1904, S. 108f; Eugen Ehrlich, Freie Rechtsfindung und freie Rechtswissenschaft, 1903 und Radbruch, Rechtswissenschaft und Rechtsschöpfung, Archiv f. Sozialwissensch. u. Sozialpolitik, XXII, 1906, S. 355 ff., bei letzterem S. 369 ein Verzeichnis der Anhänger dieser Richtung, deren Ausführungen im einzelnen allerdings von verschiedenem Werte sind.

erster Linie über Verfassungsmäfsigkeit ihrer Beschlüsse zu entscheiden. Bedarf der Parlamentsbeschlufs eines Aktes der Regierung, um Geltung zu erlangen, so kann diese möglicherweise einer in jenem liegende Abweichung von der Verfassung vorbeugen. Stimmt ihre Auffassung jedoch mit der parlamentarischen überein, so ist kein praktisches Mittel vorhanden, um die Abweichung zu verhindern. Wenn jedoch eine Kammer in unüberprüfbarer Weise einen gegen die Verfassung verstofsenden Beschlufs fafst, so ist überhaupt keine Möglichkeit vorhanden, den Vorschriften der Verfassung Geltung zu verschaffen. Aus solchem verfassungswidrigen Handeln kann, wenn es konstant geübt wird, eine Wandlung der Verfassung selbst entspringen.

Dieser Fall kann namentlich eintreten durch Bestimmungen parlamentarischer Geschäftsordnungen. Diese Geschäftsordnungen können innerhalb der Schranken von Verfassungs- oder gesetzlichen Rechtssätzen Recht schaffen. In Erinnerung an ständische Institutionen wird die entsprechende Befugnis der Parlamente als Autonomie bezeichnet, was mit dem Gedanken der Organstellung des Parlamentes im Staate nicht in Einklang zu bringen ist. Es ist auch gesagt worden, dafs die Geschäftsordnungen nur statutarisches Recht zwischen den Kammermitgliedern schaffen [1], was ebenfalls unrichtig ist, da ihre Wirkungen sich auch nach aufsen erstrecken können, wie aus dem nachfolgenden zu ersehen ist. Sie verhalten sich rechtlich zur Verfassung genau wie eine Verordnung zum Gesetz. Während aber rechtliche Gewähr der Einhaltung der gesetzlichen Schranken durch die Verordnungen in der Regel vorhanden ist, so ist solche Regel für die parlamentarischen Geschäftsordnungen häufig nicht aufzufinden.

Dies sei an konkreten Beispielen dargetan. Zunächst an einem berühmten und lehrreichen Fall der französischen Parlamentsgeschichte. Die Geschäftsordnung der Deputiertenkammer kannte zur Zeit der Restauration als schwerstes

---

[1]) Laband, Staatsrecht, I., S. 319.

Disziplinarmittel gegen einen Abgeordneten nur das in das Sitzungsprotokoll aufzunehmende Tadelsvotum. In der Sitzung vom 26. Februar 1823 machte der bekannte radikale Abgeordnete Manuel eine Anspielung auf die Hinrichtung Ludwigs XVI. Infolgedessen wurde er wenige Tage später für die Dauer der laufenden Session aus der Kammer ausgeschlossen, trotz Protestes einer ansehnlichen Minderheit gegen diesen Gewaltsakt. Die Majorität verhinderte ebenfalls die Verlesung dieses Protestes[1]). Irgendein Rechtsmittel war dem ausgeschlossenen Abgeordneten nicht gegeben und würde ihm auch nach keiner anderen Geschäftsordnung gegeben sein. Ein rechtswidrig aus einer Kammer ausgeschlossener Abgeordneter kann sich den Wiedereintritt in sie mit legalen Waffen nicht erzwingen. Die Regierung könnte solchenfalls die Kammer (wenn sie auflösbar ist) auflösen, was aber kaum ernstlich als im Bereich der politischen Möglichkeit liegend in Betracht käme.

Ferner verfügte Art. 18 der Charte constitutionelle, dafs jedes Gesetz von der Majorität jeder der beiden Kammern frei beschlossen werden müsse[2]). Über die Art dieser Majorität war keine Bestimmung getroffen, die Frage nach der beschlufsfähigen Mitgliederzahl der Kammern offen gelassen. Nun verordnete aber die Geschäftsordnung der Pairskammer, dafs ein Drittel der Pairs das Quorum bilde, während in der Deputiertenkammer für die Gültigkeit ihrer Beschlüsse die Anwesenheit der Majorität aller Abgeordneten erforderlich war. Anträge, dieses Quorum herabzusetzen, darunter auch der, es wie in der Pairskammer auf ein Drittel zu vermindern, wurden von der Kammer als verfassungswidrig zurückgewiesen. Zweifellos jedoch galt für die Pairskammer dieselbe Verfassungsbestimmung wie für die Deputiertenkammer. Was für die eine verfassungswidrig war, mufste es auch für die andere sein. Die Pairskammer hatte daher durch ihr Regle-

---

[1]) Vgl. Eugène Pierre, Traité de droit politique électoral et parlementaire 2e éd. Paris 1902, p. 502f.

[2]) Toute loi doit être discutée et votée librement par la majorité de chacune des deux chambres. Vgl. zum folgenden Pierre, p. 1123.

ment tatsächlich eine Wandlung der Verfassung bewirkt, sie hatte gegen den klaren Wortlaut des Art. 18. der Charte ein fait accompli geschaffen, gegen dessen Rechtsbeständigkeit von keiner Seite Einwände erhoben wurden.

Ein bekanntes neueres Beispiel einer gegen einen ausdrücklichen Verfassungssatz verstofsenden Bestimmung einer Geschäftsordnung ist die, welche Zulässigkeit geheimer Sitzungen im deutschen Reichstag betrifft. Es wurde vom staatsrechtlichen Standpunkt sogar die Nichtigkeit der in geheimer Reichstagssitzung gefafsten Beschlüsse behauptet[1]). Wenn aber solche Beschlüsse die Zustimmung des Bundesrates finden und vom Kaiser verkündigt werden, so gäbe es kein Mittel, jene angebliche Nichtigkeit irgendwie rechtlich geltend zu machen[2]).

Sind so Verfassungen in manchen Punkten schutzlos gegen Wandlung durch parlamentarische Geschäftsordnungen, so haben diese oft auch die normale Funktion der Verfassungen zu ergänzen. In ganz unsystematischer Weise ist in vielen Verfassungen die eine oder andere Bestimmung über den

---

[1]) Vgl. hiezu Kurt Perels, Die Zulässigkeit und Bedeutung geheimer Plenarverhandlungen des deutschen Reichstages, Archiv für öff. Recht, XV, S. 548ff. und die daselbst angeführte Literatur.

[2]) Andere Beispiele von Verfassungswandlung durch Bestimmungen der parlamentarischen Geschäftsordnung bei Jellinek, Allg. Staatslehre S. 524f. Berichtigend sei bemerkt, dafs daselbst eine Auslassung im Drucke übersehen wurde. Es ist dort nämlich erwähnt, dafs die preufsische Verfassung nichts von einem Verfassungseide der Kammermitglieder wisse, während es heifsen mufs (vgl. preufs. Verf. Art. 108), dafs sie nichts von einem Zwange zum Verfassungseide wisse. Die Geschäftsordnung des Abgeordnetenhauses hält eidverweigernde Mitglieder vom Hause fern. Wenn aber, wie heute allgemein angenommen wird, die Nichtleistung des Verfassungseides durch den König (Verf. Art. 54) für diesen keine Rechtsfolgen nach sich zieht, weil sie in der Verfassung nicht vorgesehen sind, so mufs auch Art. 108 als eine lex imperfecta angesehen werden. Daher entbehrt auch die Behauptung von Glockner, Badisches Verfassungsrecht 1905, S. 165, der für Baden, wo die Verhältnisse ähnlich liegen wie für Preufsen (vgl. badische Verfassungsurkunde § 69) in endgültiger Verweigerung des Verfassungseides seitens eines Abgeordneten eine Mandatsniederlegung erblicken will, der Begründung.

parlamentarischen Geschäftsgang aufgenommen worden[1]). Manche Staaten haben überdies besondere Gesetze über die Geschäftsordnung. Die Lücken von Verfassung und Gesetz müssen aber durch parlamentarische Satzung selbst ausgefüllt werden. Die heutigen französischen Verfassungsgesetze enthalten keine Bestimmung über das Zustandekommen der Kammerbeschlüsse, es sei denn, dafs es sich um eine Revision der Verfassung handelt. Daher sind alle Regeln über das Quorum[2]) und über die zum Beschlusse erforderliche Majorität die anderswo gesetzlich festgestellt sind, ganz dem Ermessen einer jeden Kammer überlassen[3]). Dafs ein Antrag bei Stimmengleichheit abgelehnt sei, ist ein Satz des Reglements, nicht der Verfassung[4]). Dafs bei ungeschriebener Verfassung, wie in England, die Bedeutung der parlamentarischen Geschäftsordnungen für die Fortbildung des materiellen Verfassungsrechtes noch viel gröfser ist als bei geschriebener, liegt auf der Hand.

Nicht nur die Geschäftsordnung aber, auch die einzelnen legislatorischen Beschlüsse der Kammern interpretieren die Verfassung und können sie daher auch wandeln. Über Notwendigkeit der Beobachtung verfassungsändernder Formen entscheiden in der Regel die Kammern selbst[5]). Tritt die Regierung der Anschauung der Kammern bei, so ist in den

---

[1]) So verfügt z. B. die belgische Verfassung (Art. 39), dafs die Abstimmung in den Kammern entweder mündlich oder durch Erheben von den Sitzen zu geschehen habe, dafs über das Ganze der Gesetze namentlich und mündlich abgestimmt werden müsse, ferner (Art. 41) dafs jedes Gesetz Artikel für Artikel votiert werden müsse.

[2]) Vgl. hierüber Pierre, p. 1124ff.

[3]) Pierre, p. 140f.

[4]) Die Präsidenten des Senats und der Deputiertenkammer sind von jeder Abstimmung ausgeschlossen, können daher auch nicht bei Stimmengleichheit, wie z. B. der Sprecher des englischen Unterhauses, den Ausschlag geben. Pierre, p. 1140.

[5]) Im Deutschen Reiche ist es der Bundesrat, der gemäfs R.-V. Art. 78 ausschliefslich über Vorhandensein einer Verfassungsänderung entscheidet. Da der Bundesrat geheim berät und beschliefst, ist Authentisches über seine Abstimmungen nicht bekannt.

meisten Staaten bei dem Mangel eines richterlichen Prüfungsrechtes der Gesetze auf ihre materielle Verfassungsmäfsigkeit hier wiederum kein Mittel gegeben, um die Verfassung vor einer rechtswidrigen Wandlung durch unrichtige Interpretation zu schützen.

In zweiter Linie sind es die Behörden, welche die Verfassungen interpretieren, und zwar nicht nur etwa die Gerichte, sondern auch die Verwaltungsbehörden. Durch Einführung der Verwaltungsgerichtsbarkeit können zwar Entscheidungen der Verwaltungsbehörden richterlich überprüft werden, doch gibt es genug Fälle, in welchen Rechtskontrollen der Verwaltung ausgeschlossen sind. Es gibt in jedem Staate Verwaltungsgrundsätze, die durch keinen Rechtssatz eingeführt oder bestätigt, ein festes Bild der politischen Wirklichkeit gegenüber dem Unbestimmten der Rechtsmöglichkeit darbieten. Gewährt eine Verfassung den Staatsangehörigen gleiche Ämterfähigkeit, so hindert dies häufig nicht die Bevorzugung eines Standes, einer Nationalität, einer Konfession, ohne dafs dies mit rechtlich wirksamen Mitteln bekämpft werden könnte. Namentlich aber kann durch den Wechsel der Anschauungen über die Zulässigkeit einer bisher geübten verfassungsmäfsigen Befugnis ein Wandel der Verfassung bewirkt werden. Dafür soll folgendes besonders schlagende Beispiel hervorgehoben werden.

Im Grofsherzogtum Baden vereinigt nach der Verfassung vom 22. August 1818 der Grofsherzog alle Rechte der Staatsgewalt in sich und übt sie unter den in der Verfassungsurkunde festgesetzten Bedingungen aus[1]). Zu diesen nicht aufgezählten Rechten der Staatsgewalt rechnete man auch das Abolitionsrecht, von dem noch von dem jetzt regierenden Grofsherzog, und zwar sowohl bei allgemeinen Amnestien bis 1857 und in Einzelfällen bis 1865, reichlich Gebrauch gemacht wurde. Später aber, wohl unter dem Drucke der Anschauung, dafs in den Gang der Strafrechtspflege so wenig als möglich ein-

---

[1]) § 4.

gegriffen werden solle, änderte sich die Ansicht der Regierung. An einer anderen Stelle der Verfassung heifst es nämlich: der Grofsherzog kann erkannte Strafen mildern oder ganz nachlassen [1]). Nun argumentierte man, dafs dieser Satz die verfassungsmäfsig zurückbehaltenen Rechte des Monarchen hinsichtlich der Strafjustiz enthalte, das Abolitionsrecht sei nicht aufgezählt, stehe daher dem Staatsoberhaupte nicht mehr zu; und seit Mitte der Sechzigerjahre ist kein Fall der Abolition mehr zu verzeichnen. Ein Recht, das bis dahin unbefangen fast ein halbes Jahrhundert lang als Majestätsrecht geübt wurde, ist durch Interpretation von seiten der Regierung beseitigt worden [2]). Der Buchstabe der Verfassung wurde nicht geändert, sie selbst aber hat in einem keineswegs bedeutungslosen Punkte einen gründlichen Wandel erfahren. Dafs richterliche Interpretation eines Verfassungsrechtssatzes diesen selbst fort- oder rückbilden kann, bedarf für den, welcher die richterliche Macht der Rechtsschöpfung erkannt hat, keiner näheren Ausführung. Es sei nur darauf hingewiesen, dafs der Satz, der die Ausübung der bürgerlichen und politischen Rechte für unabhängig vom religiösen Bekenntnis erklärt, sich in sachlich übereinstimmender Fassung in der Verfassung vieler Staaten, so in der Schweiz [3]) und in Österreich [4]), findet, und doch hat dieser Rechtssatz in jedem dieser beiden Staaten auch durch richterliche Urteile einen eigentümlichen Sinn erhalten. In der Schweiz hat das Bundesgericht die damals noch bestehenden Beschränkungen der Stimm- und Wahlrechte der Geistlichen in mehreren Kantonsverfassungen durch die Bundesverfassung für auf-

[1]) § 15.

[2]) Vgl. hierüber Heimberger, Das landesherrliche Abolitionsrecht, 1901, S. 66.

[3]) „Die Ausübung bürgerlicher oder politischer Rechte darf durch keinerlei Vorschriften oder Bedingungen kirchlicher oder religiöser Natur beschränkt werden". Bundesverfassung vom 29. Mai 1874, Art. 49^4.

[4]) „Der Genufs der bürgerlichen und politischen Rechte ist von dem Religionsbekenntnisse unabhängig." Staatsgrundgesetz über die allgemeinen Rechte der Staatsbürger vom 21. Dezember 1867, Art 14^2.

gehoben erklärt, trotzdem diese selbst die Geistlichen von der Wählbarkeit für National- und Bundesrat ausschliefst[1]). In Österreich hingegen hat der Richter die mit jenem Verfassungssatz unvereinbarlichen Normen des allgemeinen bürgerlichen Gesetzbuchs von 1811, welche die Fähigkeit zur Eingehung einer Ehe bestimmten Personen aus konfessionellen Gründen versagt[2]), für fernerhin fortbestehend anerkannt. Trotz gleichartiger Rechtsnormen ist daher die Rechtsstellung des Österreichers von der des Schweizers in konfessioneller Hinsicht durchaus verschieden.

Solche Erscheinungen bahnen uns den Weg zur Erörterung eines Schutzmittels der Verfassungen, das auf den ersten Blick als der stärkste Wall gegen verfassungswidrige Übergriffe des Gesetzgebers selbst gepriesen wird. Es ist dies die bekannte Einrichtung der Amerikaner, dafs die Gerichte über die materielle Verfassungsmäfsigkeit der Gesetze zu urteilen haben. In Amerika hat die Gesetzgebung in der Union und im Einzelstaat nur beschränkte Gewalt; was nicht ausdrücklich der Gesetzgebung zugewiesen ist, bleibt der Verfassungsgesetzgebung vorbehalten, die von anderen Organen und in anderen Formen ausgeübt wird als die einfache. Der Richter ist in Amerika berufen, das Volk vor Übergriffen der Legislaturen, die Union vor Übergriffen der Einzelstaaten, diese vor Übergriffen der Union zu schützen. Und zwar haben nicht etwa nur die Bundesgerichte, sondern auch die der Einzelstaaten Recht und Pflicht, die Gesetze auf ihre Verfassungsmäfsigkeit zu prüfen[3]).

Wie wirkt nun dieses System in der Praxis? Da ist denn zunächst auf die bisher in Europa nicht genügend bekannte Tatsache hinzuweisen, dafs der richterliche Schutz

---

[1]) Vgl. Blumer-Morel, Handbuch des schweiz. Bundesstaatsrechts, I, S. 343.

[2]) §§ 63, 64, 111.

[3]) Vgl. Bryce, The American Commonwealth 3. ed. 1903, I, ch. XXII—XXIV, XLII; Cooley, The general Principles of Const. Law in the U. S. of A. Boston 1880, p. 145 ff.

der Verfassung etwas Zufälliges an sich trägt[1]). Der Richter entscheidet nur auf Klage der Partei; es hängt also ganz davon ab, ob und wann er gelegentlich eines Rechtsfalles in die Lage versetzt wird, die Verfassungsmäfsigkeit eines Gesetzes zu prüfen. In dem geschichtlichen Dred Scott Case, dessen Entscheidung den Ausbruch des Bürgerkrieges beeinflufste, wurde 1857 ein im Jahre 1820 erlassenes Gesetz — nach siebenunddreifsig Jahren — für nichtig erklärt. Es ist also möglich, dafs ein Gesetz Jahrzehnte hindurch unangefochten besteht, bis seine Verfassungswidrigkeit vom Richter ausgesprochen wird. Ferner ist es vorgekommen, dafs in einem Falle ein Statut für ungültig, in einem anderen für gültig erklärt wurde, da eine frühere Entscheidung den Richter in einer späteren Sache nicht bindet. Endlich ist es für die Beurteilung dieses Systems sehr wichtig, dafs immer nur die Parteien, niemals aber die beiden anderen Staatsgewalten durch einen Akt der richterlichen Gewalt gebunden sind[2]). Dafs ein solcher Zustand der Rechtssicherheit zuträglich sei, kann nicht behauptet werden.

Das Verhältnis des richterlichen Prüfungsrechtes zur Festigkeit der Verfassungssätze soll nunmehr an einigen Fällen gezeigt werden.

Während des Sezessionskrieges hatte sich die Union genötigt gesehen, Papiergeld mit Zwangskurs (die sogenannten greenbacks) auszugeben. Kein Satz der Verfassung ermächtigte den Kongrefs dazu. Da entschied der Richter: Der Kongrefs hat das Recht der Kriegserklärung, die Verfassung ermächtigt den Kongrefs, alle Gesetze zu erlassen, die zur Ausführung seiner verfassungsmäfsigen Vollmachten nötig sind, zum Krieg-

[1]) Nur beiläufig sei erwähnt, dafs die Zahl der Richter des Unionsobergerichts jederzeit durch Kongrefsstatut geändert werden kann und auch tatsächlich aus politischen Gründen mehrmals geändert wurde; der Präsident kann ferner mit Zustimmung des Senats die Richterstellen nach politischen Rücksichten besetzen. Vgl. Bryce, a. a. O. I, p. 275 f.

[2]) Vgl. die höchst interessanten Nachweise bei Tiedemann, The unwritten Constitution of the United States. New York—London 1890, p. 160 ff.

führen gehören Geldmittel, ergo kann sich die Union diese Mittel beschaffen, wie sie will. Nach Beendigung des Krieges hörte aber die Ausgabe von Papiergeld nicht auf. Nunmehr fand der Richter eine zweite Klausel der Verfassung, auf die er das strittige Recht für den Friedensfall stützte, nämlich die Befugnis, „auf den Kredit der Vereinigten Staaten Geld zu borgen“. Später wurden noch andere Argumentationen aus dem Wortlaut der Verfassung und dem Begriff der Souveränetät vorgenommen, als definitives Resultat ergab sich aber die Anerkennung einer gänzlich neuen Kompetenz der Union [1]).

Noch eigenartiger sind die Fälle, die sich auf Auslegung der Bestimmung der Unionsverfassung beziehen, welche den Staaten die Erlassung eines jeden Gesetzes verbietet, das die Verbindlichkeit der Verträge beeinträchtigt [2]). Bei strikter Durchführung dieses Satzes wäre jede Einschränkung des Arbeitsvertrages zum Zwecke des Arbeiterschutzes ausgeschlossen. In der Tat sind auch von Gerichten der Einzelstaaten zahlreiche Gesetze über Truckverbot und Regelung der Arbeitszeit für verfassungswidrig erklärt worden. In anderen Staaten ist die richterliche Entscheidung zugunsten der Verfassungsmäfsigkeit ausgefallen, indem die betreffenden Gesetze unter anderen Gesichtspunkten betrachtet wurden [3]). So haben Gerichte eine gesetzliche Beschränkung der Arbeitszeit für eine sanitäre Mafsregel erklärt, deren Aufstellung

---

[1]) Über die „Legal tender cases“, vgl. Brinton Coxe, An essay of Judicial Power and Inconstitutional Legislation, Philadelphia 1893, p. 27f., 34ff., Cooley, p. 80; Tiedemann, p. 135f.; Bryce I, p. 270.

[2]) Const. of the United States Art. I, sect. 10: no state shall ... pass any ... law impairing the obligation of contracts. Es ist bezeichnend, dafs in mehr als einem Drittel der Fälle, in denen Staatengesetze vom Unionsobergericht für nichtig erklärt wurden, dies wegen Verstofses gegen dieses Verfassungsgesetz geschah; Coxe, p. 22.

[3]) Vgl. darüber die eingehenden Nachweise in der Abhandlung des Kaliforniers Walter Loewy, Die bestrittene Verfassungsmäfsigkeit der Arbeitergesetze in den Ver. Staaten. Heidelberg 1905, S. 54ff.

zu den Befugnissen der gesetzgebenden Gewalt zählt [1]. Das Unionsobergericht hat aber im Jahre 1905 alle diese Einzelstaatsgesetze als gegen die Unionsverfassung verstofsend erklärt. Doch hegt man in Amerika die sichere Erwartung, dafs dieses höchste Gericht bei anderem Anlafs seine Anschauung bald ändern und ein Rechtsprinzip entdecken werde, welches die Möglichkeit gesetzlichen Arbeiterschutzes darbietet.

Wie in Europa sind übrigens auch in Amerika zahlreiche, die Vertragsfreiheit einschränkende Gesetze zum Schutze des Publikums erlassen worden, so Droschken- und Dienstmännertaxen, Verbote von Lotterien, Feststellung der Preise für Gas und Wasser, Beschränkungen oder gar gänzliches Verbot des Verkaufes geistiger Getränke. Die Gerichte haben das für zulässig erklärt, da sie erkannt haben, dafs absolute Vertragsfreiheit, wie jede unbeschränkte Freiheit, zu völliger Schutzlosigkeit des einzelnen und des Staates führen könnte [2]. Gegenüber von ausbeuterischen Unternehmungen wäre der einzelne und die Gesamtheit ganz wehrlos, wenn der Vertragsfreiheit nicht rechtliche Schranken gezogen werden könnten.

Welches aber diese Schranken sind, das ist bei der Unbestimmtheit der Verfassungsrechtssätze in diesen und anderen Fällen dem Ermessen der Gerichte überlassen. Damit jedoch tritt in Amerika der Richter tatsächlich an Stelle des Verfassungsgesetzgebers. Nicht mit Unrecht hat man in Amerika die Gerichte als drittes Haus der Legislatur bezeichnet. Der Richter steht bei der Entscheidung über die Verfassungsmäfsigkeit der Gesetze unter dem ungeheuren Drucke der häufig parteimäfsig gespaltenen öffentlichen Meinung, die in der Demokratie sich jedem im öffentlichen Leben Stehenden mit unwiderstehlicher Gewalt aufdrängt, daher ist in vielen Fällen die Ansicht des Richters über das zur Frage stehende

[1] E. Freund, The Police Power. Chicago 1904, §§ 310ff.
[2] Vgl. Freund, §§ 59, 73, 385, 389 usw.; ferner Loewy S. 67ff.

Gesetz, mag er sich noch so objektiv dünken, politisch gefärbt. Das zeigt sich schon darin, dafs die Richter nur ausnahmsweise einem Gesetze die Anerkennung versagen, weil sie der politischen Notwendigkeit Rechnung zu tragen geneigt sind, die den Gesetzgeber zu seinen Akten veranlafst haben. Das Obergericht der Union hat in dem ersten Jahrhundert seiner Tätigkeit (1789—1889) nur in einundzwanzig Fällen Akte des Kongresses für verfassungswidrig erklärt, während derselbe Gerichtshof in der gleichen Zeit 177 Gesetze sämtlicher Einzelstaaten als der Bundesverfassung widerstreitend erkannte, bei der grofsen Zahl der Einzelstaaten und ihrer Gesetze also im Verhältnis noch weniger Staaten- als Unionsgesetze [1]).

Diese Verhältnisse machen es erklärlich, dafs kein Land der Welt so wenig verfassungsändernde Gesetze aufzuweisen hat wie die amerikanische Union. Seit einem Jahrhundert sind nur drei durch die Beendigung des Bürgerkrieges notwendig gewordene Zusätze zur Verfassung beschlossen worden. Solch scheinbares Beharren ist aber nur möglich, weil die amerikanischen Juristen die Lehre von den „implied powers“ (den eingewickelten Gewalten) aufgestellt haben. In den Buchstaben der Verfassung schlummern bisher unerkannte Gewalten, die von der Gesetzgebung entdeckt und sodann vom Richter definitiv zum Leben erweckt werden. Die Amerikaner sprechen gern davon, dafs es nur drei Dokumente in der Weltgeschichte gebe, deren Worte so eingehend interpretiert worden seien wie ihre Verfassung: die Bibel, der Koran und die Digesten. Die höchste Kunst des Interpreten besteht aber nicht in dem Heraus-, sondern in dem Hineininterpretieren. „Im Auslegen seid frisch und munter, legt

---

[1]) Vgl. Coxe, p. 8 ff., p. 22. Die Statistik ist nicht ganz zuverlässig, da, wie Coxe hervorhebt, in den offiziellen Angaben nur zwanzig Fälle nichtig erklärter Kongrefsstatuten angeführt sind, unter diesen aber der berühmte Dred Scott-Fall sich nicht befindet. Für die richterlichen Entscheidungen der Einzelstaaten fehlt es an einer zusammenfassenden Statistik.

ihr's nicht aus, so leget was unter," dieses Dichterwort ist die oberste Maxime für die Verfassungswandlung durch richterliche Interpretation.

IV.

Omne ius aut consensus fecit, aut necessitas constituit, aut firmavit consuetudo. Von der necessitas, die Modestin als rechtschöpfende Macht anführt, ist in unseren Lehren von den Rechtsquellen wenig die Rede. Und doch spielt sie in dem Leben der Verfassungen eine ungeheure Rolle. Alle jene geschichtlichen Ereignisse, die aufserhalb des Rechtes die Fundamente des Staates umwühlen, schaffen eine solche necessitas. Usurpationen und Revolutionen rufen überall Zustände hervor, in denen Recht und Faktum, sonst voneinander streng zu scheiden, ineinander übergehen. Das fait accompli, die vollendete Tatsache, ist eine historische Erscheinung von verfassungsbildender Kraft, gegen welche alles Ankämpfen der Legitimitätstheorien ohnmächtiges Beginnen ist.

Aber nicht nur in den grofsen Wendepunkten der Staatengeschichte, auch im Laufe des normalen Staatenlebens kann diese necessitas in überraschender Weise hervortreten und die staatliche Organisation gegen den Buchstaben der Verfassung wandeln. In voller Klarheit kann man diese merkwürdige Erscheinung bei völliger Neuschöpfung von Verfassungen studieren, da alle menschliche Voraussicht nicht imstande ist, die tatsächliche Ausgestaltung neuer, noch nicht erprobter Einrichtungen zu bestimmen. Sehr oft wird in solchen Fällen die geplante Institution durch übersehene oder unvorhergesehene Umstände, und zwar vielleicht sofort oder in kurzer Zeit, ohne jeden Wechsel der davon betroffenen Gesetzestexte eine möglicherweise tiefgehende Wandlung erfahren. Als interessantestes Beispiel hierfür wollen wir die deutsche Reichsverfassung wählen, da die Organisation des Reiches einem gewaltigen Staatsbildungsprozesse, der in der neuesten Geschichte seinesgleichen sucht, ihren Ursprung verdankt.

Die Reichsverfassung ordnet an: dem Kaiser steht es zu, den Bundesrat und den Reichstag zu berufen, zu eröffnen, zu vertagen und zu schliefsen. Die Berufung des Bundesrates und des Reichstages findet alljährlich statt, und es kann der Bundesrat zur Vorbereitung der Arbeiten ohne den Reichstag, letzterer aber nicht ohne den Bundesrat berufen werden. Die Berufung des Bundesrates mufs erfolgen, sobald sie von einem Drittel der Stimmenzahl verlangt ist[1]). Nun ist aber die letzte Berufung des Bundesrates am 21. August 1883 erfolgt[2]). Seitdem ist dieses Kollegium nicht mehr geschlossen worden. Die Geschäfte des Bundesrates, der so mannigfaltige gesetzgeberische, verwaltende und richterliche Funktionen und zwar in immer steigendem Mafse versieht, können ebensowenig längere Zeit unterbrochen werden, wie die Tätigkeit eines Ministeriums oder Gerichtshofes. Der Bundesrat ist also im Gegensatz zu den Buchstaben der Reichsverfassung ständig geworden, eine Tatsache, mit der sich die deutschen Staatsrechtslehrer schwer abzufinden verstehen. Von einigen wird sie sogar gänzlich ignoriert. Noch in der neuesten Auflage seines grofsen Werkes erwähnt sie Laband mit keinem Worte, vielmehr lehrt er ausdrücklich: „Der Bundesrat ist keine ständige Versammlung, wie es der Bundestag in Frankfurt war oder wie es dem Begriff eines Reichsministeriums entsprechen würde, sondern er tritt nur zeitweise auf Berufung zusammen.“ [3])

Allerdings ist Laband insofern konsequent, als er ein derogatorisches Gewohnheitsrecht gegenüber der Verfassung nicht anerkennt. Nicht erwähnt ist der faktische Zustand ferner bei Georg Meyer[4]) und bei Arndt[5]). Letzterer, der so gern die Praxis der Theorie entgegenstellt, lehrt von

---

[1]) Art. 12—14.

[2]) Reichsgesetzblatt S. 285.

[3]) Laband, Staatsrecht, I, S. 253.

[4]) Meyer-Anschütz, Lehrbuch des deutschen Staatsrechts, S. 432.

[5]) Arndt, Das Staatsrecht des Deutschen Reiches, 1901, S. 96 f.

dieser Praxis nicht das Geringste, sondern stellt über das Verhältnis des Bundesrates zu seiner Berufung durch den Kaiser eingehende, aber gänzlich unpraktische Betrachtungen an. Seydel aber sucht den dem Wortlaut der Reichsverfassung widersprechenden Zustand derart zu rechtfertigen, dafs es nur darauf ankommt, ob das, was die Verfassung wolle, sachlich geschieht. Es genüge, dafs der Bundesrat und der Reichstag jährlich versammelt seien, und daher brauche die Bestimmung über die jährliche Berufung des Bundesrates nicht wörtlich vollzogen zu werden[1]. Doch widerspricht Seydel mit solcher Behauptung sich selbst, da er wenige Zeilen vorher erklärt, dafs der Bundesrat von Rechts wegen keine ständige Versammlung sei. Ist dies aber der Bundesrat von Rechts wegen, dann kann es nicht dem Rechte entsprechen, wenn er ständig ist. Hingegen konstatiert Zorn[2] ganz richtig, dafs der Bundesrat längst ein ständiges Kollegium geworden und die zitierten Vorschriften der Reichsverfassung in der Hauptsache gegenstandslos geworden seien. Zwar sei es ein zweifellos verfassungsmäfsiges Recht des Kaisers, den Bundesrat zu schliefsen, doch wäre dessen Ausübung ein Zeichen schwerster Zerrüttung der Gesundheit des Reichsorganismus.

Es ist zweifellos, dafs die Nichtberufung und -schliefsung des Bundesrates mit dem Wortlaut und der Absicht der Reichsverfassung nicht vereinbarlich ist, und ebenso zweifellos, dafs hier eine unaufhebbare Wandlung der Verfassung eingetreten ist. Es erscheint heute niemandem der ständige Bundesrat als eine verfassungswidrige Einrichtung; selbst diejenigen, welche den Gegensatz von Faktum und Recht feststellen, ziehen daraus keine gegen die Praxis gerichtete Folgerung.

---

[1]) Seydel, Kommentar zur Verf. Urkunde für das Deutsche Reich, 2. Aufl., S. 168.

[2]) Zorn, Das Staatsrecht des Deutschen Reiches, 2. Aufl., S. 159 f. Die tatsächliche Ständigkeit des Bundesrates im Gegensatz zum Rechte wird auch hervorgehoben von Anschütz, Grundzüge des deutschen Staatsrechts in Kohlers Enzyklopädie der R.W., II, S. 543 und Ed. Loening, Grundzüge der Verfassung des Deutschen Reichs, 1901, S. 63.

Noch viel bedeutsamer ist die Wandlung, welche die Stellung des Reichskanzlers durchgemacht hat, und zwar sofort in seinem ersten Entwicklungsstadium als Bundeskanzler des Norddeutschen Bundes, was völlig nur aus der hier nicht näher zu erörternden Entstehungsgeschichte dieser so wichtigen Institution erklärt werden kann [1]). Der Reichskanzler vereinigt nämlich drei rechtlich streng zu scheidende Eigenschaften in sich. Er ist Vorsitzender des Bundesrates, preufsischer Bevollmächtigter zum Bundesrate und endlich verantwortlicher Reichsminister des Kaisers. Nach dem Wortlaute der Reichsverfassung können nur Bundesratsmitglieder oder vom Bundesrat abgeordnete Kommissarien in den Reichstagssitzungen erscheinen, und nur sie haben das Recht, dort das Wort zu ergreifen, um die Ansichten ihrer Regierung oder die Vorlagen des Bundesrates zu vertreten [2]). Zudem ist der Bundesrat dem Reichstage gegenüber ganz unverantwortlich, wie es ja von einem Faktor der Gesetzgebung gegenüber dem anderen selbstverständlich ist. Der Reichskanzler kann demnach nur in seiner Eigenschaft als preufsischer Bevollmächtigter im Reichstage das Wort ergreifen. In Übereinstimmung mit der Verfassung erteilt die Geschäftsordnung des Reichstags nur den Bundesratsmitgliedern und den zu ihrer Vertretung abgeordneten Kommissarien das Wort [3]). Es ist also nicht der verantwortliche Minister des deutschen Kaisers, sondern nur der dem Reichstage nicht verantwortliche Bevollmächtigte des Königs von Preufsen, der im Reichstage sprechen kann. Wenn Fürst Bülow demnach die auswärtige Politik des Reiches vor dem Reichstage darlegt, so überschreitet er damit seine Kompetenz, denn jene Politik ist nicht preufsische Angelegenheit, und ebenso könnte sich der Reichs-

---

[1]) Vgl. hierüber Haenel, Studium zum deutschen Staatsrecht, II, S. 24 ff., Laband, Wandlungen, S. 4 ff.

[2]) Verf. des Deutschen Reichs, Art. 9, 16.

[3]) G.O. § 43. Aufser den Mitgliedern des Hauses und des Bundesrates sowie dessen Kommissarien können nur noch die Assistenten des Bundesrates auf Verlangen der Vorgenannten im Reichstage das Wort ergreifen.

kanzler jede an ihn persönlich gerichtete Kritik seiner Worte und Taten in den Reichstagssitzungen verbitten, da er nur als unverantwortliches Bundesratsmitglied vor dem Reichstage erscheint. Doch hat man selbstverständlich niemals davon gehört, dafs ein Reichstagspräsident den Reichskanzler auf die verfassungsmäfsigen Grenzen seiner Stellung im Hause aufmerksam gemacht habe. Im Gegenteil, der Reichstag hat sich sogar, obwohl in sehr vorsichtiger, geschäftsordnungsmäfsiger Fassung, ein Interpellationsrecht gegenüber dem Reichskanzler beigelegt[1]), und dieser vertritt im Reichstage

[1]) G.-O. des Reichstages § 32. Die Interpellationen werden an den Bundesrat gerichtet und dem Reichskanzler mitgeteilt. Die Beantwortung der Interpellation erfolgt durch den sich hierzu bereit erklärenden Reichskanzler. Vgl. Kurt Perels, Das autonome Reichstagsrecht, 1903, S. 65. Auf die bekannte Streitfrage, ob der Reichstag ein „Recht" der Interpellation besitze oder nicht, soll hier ganz kurz eingegangen werden, um endlich auf die ganz falsche Problemstellung hinzuweisen. Der Reichstag hat überhaupt keine subjektiven Rechte, sondern versieht staatliche Kompetenzen (vgl. Jellinek a. a. O. S. 546ff.). Es handelt sich darum ausschliefslich um Entscheidung der Frage, ob der Reichstag die Kompetenz zur Interpellation besitze oder nicht. Wenn Laband, Staatsrecht I, S. 284f. bekanntlich das Interpellationsrecht für ein Pseudorecht erklärt, weil ihm keine Antwortspflicht von seiten der Reichsregierung entspreche, es daher nichts als die allgemeine, recht vielen Menschen zukommende Fähigkeit sei, an die Regierung Fragen zu stellen, welche diese nach Belieben beantworten könne oder nicht, so ist hierbei einmal übersehen, dafs es gar nicht selbstverständlich ist, dafs der Reichstag „allgemeine Fähigkeiten" ausüben darf. Briefe schreiben und seine Ansichten schriftlich jemandem mitteilen, ist auch eine allgemeine Fähigkeit. Wenn der Reichstag aber durch seinen Präsidenten mit einem fremden Monarchen oder Staatsmann direkt in Verkehr treten wollte, was ihm durch keine Bestimmung der Verfassung untersagt ist, so würden sich wohl sämtliche Staatsrechtslehrer gegen eine solche eigenmächtige Ausdehnung der Zuständigkeit des deutschen Parlamentes erklären. Die Kompetenz der Interpellationsstellung hängt vielmehr in ihrer ganzen geschichtlichen Entwicklung innig mit der Ausbildung der Ministerverantwortlichkeit zusammen. Wo diese mangelt, kann jede Interpellation als verfassungswidrig zurückgewiesen werden. Die Verfassung des zweiten Kaiserreiches erklärte bis 1867 die Minister den Kammern gegenüber für unverantwortlich, und damit war jede Interpellation untersagt (Pierre, a. a. O. p. 792, Duguit-Monnier, Les Constitutions de la France 1898, p. 272, 275 N. 3.). Sodann unterscheidet sich eine Kompetenz von einem Rechte

in Wahrheit die kaiserlich deutsche, nicht die königlich preufsische Politik, die des Reiches, nicht die des Einzelstaates Preufsen im Verhältnis zu den anderen Bundesgliedern. Ohne Ermächtigung durch die Verfassung hat daher der Reichsminister seinen Eintritt in den Reichstag gefunden. Der hierdurch geschaffene Tatbestand ist der deutschen Staatsrechtslehre natürlich nicht unbekannt, allein auch hier konstatiert sie nicht ausdrücklich, dafs der Buchstabe der Verfassung mit dem tatsächlichen Zustand für alle Zeiten unvereinbar ist.

Noch eine dritte Wandlung durch die necessitas sei hier ferner festgestellt: das von Bismarck geschaffene Stellvertretungsgesetz vom 17. März 1878 verfügt, dafs der Kaiser dem Reichskanzler auf dessen Antrag für Fälle der Behinderung verantwortliche Stellvertreter mit dem Rechte der Gegenzeichnung ernennen könne. Diese Stellvertreter sind demnach eine fakultative Einrichtung, und es hängt vom Belieben des Reichskanzlers ab, ob er von ihr Gebrauch machen will oder nicht. In Wahrheit ist aber der Reichskanzler stets behindert, die Geschäfte sämtlicher oberster Reichs-

---

dadurch, dafs jener keine Pflicht zu entsprechen braucht. Die Verwaltungsbehörden haben eine Fülle von Zuständigkeiten, denen keine wie immer geartete Pflicht anderer gegenübersteht, man denke nur an alle Ermessenssachen. Die Vergleichsbehörden (Str.Pr.-O. § 420) haben bei Beleidigungen Sühneversuche vorzunehmen, denen von den Parteien nicht Folge gegeben werden mufs. Der Vorsitzende der Strafkammer ist zur Fragestellung an den Angeklagten zuständig, der aber nicht zur Antwort verpflichtet ist. Die Gewerbeordnung legt (§ 103e) den Handwerkskammern ausdrücklich die Kompetenz bei, die Staats- und Gemeindebehörden in der Förderung des Handwerks durch tatsächliche Mitteilungen usw. zu unterstützen, ferner Wünsche und Anträge über die Verhältnisse des Handwerks den Behörden vorzulegen. Dieser Zuständigkeit entspricht keine Pflicht der Behörden, jenen Anliegen stattzugeben. Trotzdem liegt hier eine rechtliche, vom Reichsgesetzgeber ausdrücklich anerkannte Zuständigkeit vor. Es wäre sehr dankbar, wenn die unter dem falschen Gesichtspunkt des subjektiven Rechtes betrachteten parlamentarischen Zuständigkeiten einmal im einzelnen in ihrer Bedeutung und Funktion untersucht würden. Namentlich wäre eine rechtsgeschichtliche und rechtsvergleichende Darstellung des Interpellationsrechtes von grofsem Werte.

behörden zu führen. Die Verantwortlichkeit für die ungeheure Geschäftslast eines Reiches von sechzig Millionen allein zu tragen, ist kein Mensch imstande. Die verantwortlichen Stellvertreter sind daher eine ständige Einrichtung geworden, die Staatssekretäre haben die Stellung von Unterministern des Reiches erhalten[1]), und der Buchstabe der Reichsverfassung, der den Reichskanzler als den einzigen verantwortlichen Reichsminister bezeichnet, deckt sich für alle Zukunft nicht mehr mit der Wirklichkeit[2]). Die Theorie hingegen behandelt noch überwiegend die ständige Einrichtung der Stellvertreter dem Gesetzesbuchstaben entsprechend als eine blofs fakultative oder erwähnt nicht, dafs sie dieses ihr ursprüngliches Wesen geändert habe.

V.

Die Erörterungen über die rechtsschaffende Notwendigkeit führen uns zu einem anderen, sehr schwierigen Problem, dem die deutsche Wissenschaft bisher keine genügende Aufmerksamkeit geschenkt hat. Die Kompetenzen der obersten Staatsorgane werden stets in der Form ausschliefslicher Machtzuweisungen geregelt. Der Monarch kann die Gesetze sanktionieren, Krieg erklären, die Minister ernennen usw.,

[1]) Laband, Staatsrecht I, S. 359.

[2]) Der ständige Charakter der Stellvertretung wird hervorgehoben von Laband, Wandlungen, S. 17, Staatsrecht I, S. 357, als fakultativ hingegen wird sie ausdrücklich bezeichnet von Zorn, I, S. 263[9]; Meyer, S. 462, Anschütz, S. 557, Loening, S. 118, Seydel, S. 180, v. Jagemann, Die deutsche Reichsverfassung, 1904, S. 114, konstatieren und erläutern die Normen des Stellvertretungsgesetzes, erwähnen aber die praktische Notwendigkeit der Stellvertretung nicht. Eingehende Nachweise über die Praxis der Stellvertretung sind nirgends zu finden: ob die Ressortstellvertreter stets für den ganzen Umfang ihres Geschäftskreises oder nur in einzelnen Teilen beauftragt werden (Stellv.-G. § 2), ob der Reichskanzler von seiner Macht, jede Amtshandlung auch während der Dauer der Stellvertretung selbst vorzunehmen, Gebrauch macht und in welchem Umfange. Vermutlich ist weder die Einschränkung des Stellvertreters durch die erste noch durch die zweite Bestimmung von grofser praktischer Bedeutung.

das Parlament kann über Gesetzesvorlagen nach freiem Ermessen beschliefsen, die Minister können jederzeit ihre Entlassung nehmen usw. Kein Gesetz kann aber anordnen, wie derartige Machtbefugnisse anzuwenden sind. Wenn nämlich einer solchen Machtbefugnis ein bestimmter, unverrückbarer Inhalt vorgeschrieben ist, so verwandelt sich die Macht in eine Pflicht. Es ist aber eine überaus wichtige und praktisch sehr bedeutsame Frage, ob der verfassungsmäfsigen Macht, ohne ihre rechtliche Freiheit völlig zu vernichten, nicht dennoch ein bindender Inhalt gegeben werden kann. Der Monarch hat die freie Wahl der Minister, er wählt sie unverrückbar nur aus der herrschenden Parlamentsmehrheit; die Minister können jederzeit ihre Entlassung fordern, sie fühlen sich unweigerlich verpflichtet, solches zu tun, wenn sie ein Mifstrauensvotum der Abgeordnetenkammer empfangen haben. Wenn nun derartiges nicht eine vorübergehende Erscheinung, sondern durch lange Zeiträume unverbrüchlich geübtes Handeln ist, entsteht dadurch neues Recht, zumal solchen Regeln die stärksten sozialen Garantien zur Seite zu stehen pflegen, oder nicht?

Gründlich beachtet wurde diese Erscheinung bisher nur in England, wo die ganze tatsächliche Verfassung gegenüber den dürftigen Sätzen des gemeinen Rechtes auf ihr beruht. Die Engländer sprechen von konventionellen Verfassungsregeln im Gegensatz zu den Rechtssätzen der Verfassung[1]).

[1]) Die Lehre von dem Gegensatz von Law of the Constitution und den Conventions of the Constitution wurde zuerst aufgestellt von Freeman, The Growth of the English Constitution 1872, p. 109 ff., hierauf eingehend ausgeführt von Dicey, Introduction to the study of the Law of the Constitution, 6.th ed. p. 341 ff. Unter dem Einflufs des Letztgenannten namentlich ist diese Unterscheidung Gemeingut englischer Politiker und Juristen geworden. Auf dem Kontinent ist diesem Konventionalismus die gründlichste Untersuchung zuteil geworden von Hatschek, Englisches Staatsrecht II, S. 2 ff., der ihn in engste Verbindung mit dem das ganze öffentliche Leben Englands beherrschenden Parteiwesen bringt. Auf das Wesen dieser so interessanten Erscheinung näher einzugehen ist hier nicht der Ort. Nur sei bemerkt, dafs der Gedanke der „Konventionalregel“ zu sehr die

Jene Konventionalregeln bilden in ihrer Gesamtheit eine politische Ethik, deren Gebote streng befolgt werden und befolgt werden müssen. Diese Ethik reicht aber in England weit über das Rechtsgebiet hinaus. Wie dieses Volk, wie kein anderes, sein ganzes soziales Dasein in ein festes Geflecht von Verkehrsregeln eingesponnen hat, die es überall mit sich herumträgt und womöglich der ganzen übrigen Welt aufdrängen will, so hat es auch auf politischem Gebiete strenge Regeln für den einzelnen und die Parteien ausgebildet, die das ganze öffentliche Leben in feste Bahnen lenken [1]). Von Interesse sind für uns hier aber nur jene Regeln, die sich auf die Ausübung der den obersten Staatsorganen zustehenden Macht beziehen. Da sehen wir denn, wie diesen Machtbefugnissen ein bestimmter, sie erweiternder oder beschränkender Inhalt zugeteilt wird, ohne diese selbst in ihrem formalen Bestande irgendwie zu verletzen. Dem König steht heute wie vor Jahrhunderten die Leitung des Staates durch seine Prärogative zu, er kann sie aber nur vermittelst des Kabinetts ausüben, das er formell frei ernennt, in Wahrheit aber beruft er stets den Führer der jeweiligen Parlamentsmehrheit als Premierminister, auf dessen Antrag er das übrige Kabinett bestellt. Hier erhebt sich nun die Frage: Wie steht es mit diesen Sätzen, sowie mit noch vielen anderen, die anderswo ihren Weg in die Texte der Verfassung gefunden haben, bestehen sie zu Recht oder nicht? Da lautet denn die Antwort, sie sind Recht, soweit sie anerkannte und garantierte Normen für die Ausübung der Staatsgewalt enthalten, aber sie haben in den meisten Fällen nicht den Charakter zwingenden, sondern nach-

---

Vorstellung der bewußten vertragsmäßigen Schöpfung in sich birgt, während viele dieser Regeln sicherlich ganz unreflektiert entstanden, aus der Praxis hervorgewachsen sind, in der sie sich durch längere tatsächliche Übung bewährt haben, von der sie auch ihre normative Kraft ableiten.

[1]) Den inneren Zusammenhang der parlamentarischen Rechtssitte mit dem ganzen eigentümlichen Wesen und Leben des englischen Volkes hat in geistvollster Weise dargelegt Boutmy, Essai d'une psychologie politique du peuple anglais au XIXe siècle, 1904.

giebigen Rechtes[1]), das jederzeit den sich stetig ändernden politischen Verhältnissen angepafst werden kann. Daher bedeutet eine Abweichung von solchen Regeln keinen Rechtsbruch. Jedes Kabinettsmitglied soll Parlamentsmitglied sein. Gladstone selbst erzählt davon, dafs er vom Dezember 1845 bis Juli 1846 ohne Sitz im Hause der Gemeinen war[2]). Der Premierminister soll erster Lord des Schatzes sein, Salisbury tritt an die Spitze seines Kabinetts als Staatssekretär des Auswärtigen. Daher kann sich dieses Recht ununterbrochen wandeln, ohne dafs es einer ausdrücklichen Änderung einer Rechtsregel bedürfte. Bis zur zweiten Reformbill hiefs es, ein Kabinett bleibe im Amte, bis es im Unterhause „outvoted", in der Minderheit geblieben ist. Seither prägt sich immer schärfer die neue Regel aus, dafs bereits die Neuwahlen unmittelbar das Schicksal des Kabinetts bestimmen, und neuestens wird sogar versucht. schon den Nachwahlen im Verlaufe einer Parlamentsperiode diese Macht zuzuschreiben. Der Verfassungswandel in England ist in erster Linie Wandel seines dispositiven Staatsrechtes.

Das Wesen des dispositiven Rechtes ist bisher fast ausschliefslich nur für das Privatrecht erörtert worden. Im öffentlichen Recht hat es zuerst Bülow für das Zivilprozefsrecht untersucht[3]). Dafs es aber auch in anderen Teilen des öffentlichen Rechtes vorhanden ist, kann keinem Zweifel unterliegen. Nur handelt es sich im öffentlichen Recht regelmäfsig nicht um eine Auslegung des Privatwillens, sondern um Normierung des der Gesamtheit Zuträglichen. Die Entscheidung darüber kann aber in vielen Fällen nur unter Berücksichtigung individueller Verhältnisse stattfinden. Deshalb gewährt das öffentliche Recht häufig Staatsorganen, öffentlichen Verbänden, Gliedstaaten

---

[1]) Ich wähle unter den verschiedenen deutschen Bezeichnungen für das dispositive Recht an dieser Stelle die obige, weil sie den eigentümlichen Charakter der gerade hier in Frage stehenden Normen am besten ausdrückt.

[2]) Gladstone, Gleanings I, p. 225.

[3]) Bülow, Dispositives Zivilprozefsrecht, Arch. f. ziv. Praxis. 64. S. 1ff.

Machtbefugnisse auch nach der Richtung, dafs sie von bestimmten Rechtsregeln abweichen dürfen [1]). So weist z. B. das Gerichtsverfassungsgesetz den Gerichten die Entscheidung über die Zulässigkeit des Rechtsweges zu, gestattet aber der Landesgesetzgebung, davon abweichend, besondere Behörden zur Entscheidung von Kompetenzkonflikten einzusetzen [2]). Die preufsische Städteordnung vom 30. Mai 1853 erlaubt kleineren Städten, eine Vereinfachung ihrer Organisation in Abweichung von den dafür sonst vorgeschriebenen Normen herbeizuführen [3]). Durch statutarische Bestimmung der Krankenkassen können Leistungen der Kassen, kann der Kreis der Versicherungspflichtigen anders als der gesetzlichen Norm gemäfs bestimmt werden [4]).

Von besonderer Bedeutung für den Bau und die Funktionen des Staates ist aber dasjenige nachgiebige Recht, welches als sekundäres Recht zu den Machtzuteilungen der Verfassungen hinzutritt, um deren Ausübung den gegebenen Verhältnissen gemäfs zu regulieren.

Es wäre sehr wichtig, wenn dieses nachgiebige Recht einmal in seiner Eigenart und Wirkungsweise in den kontinentalen Staaten untersucht würde. Es existiert in jedem Staate, der staatsrechtliche Formalismus kann es häufig nicht entbehren, vermag es aber nicht zu erklären. Oft versucht er es der Politik zuzuweisen, einer wissenschaftlichen Disziplin, die in zusammenhängender, systematischer Weise in deutschen Landen kaum betrieben wird. Und doch ist eine wissenschaftliche Politik als Lehre von den rechtserzeugenden Mächten, die neben und über dem Gesetzgeber existieren, ein unentbehrliches Mittel zum Verständnis der staatsrechtlichen Probleme selbst. Zudem scheidet die neuere Staats-

[1]) Dernburg, Pandekten § 32 scheidet in voller Schärfe zwei Arten des „nichtzwingenden Rechtes“. Das öffentliche dispositive Recht fällt unter den zweiten Typus, der sich nicht auf den vermuteten Willen des Beteiligten, sondern auf die Gestattung des Gesetzgebers gründet.

[2]) G.V.G. § 17.

[3]) Titel VIII, §§ 72 u. 73.

[4]) K.V.G. §§ 2, 21.

rechtslehre zwar das Politische vom Juristischen, ohne aber durch scharfe Merkmale das Gebiet des ersteren gegen das des Rechtes abzugrenzen. Wie häufig kann man bemerken, dafs ein Staatsrechtslehrer das, was er am Staate nicht erklären kann oder will, durch souveränen Machtspruch der Politik abtritt.

Zudem ist ohne politische Erkenntnis eine Kritik des gegebenen Rechtszustandes ausgeschlossen. Auf allen anderen Rechtsgebieten erachten es die Juristen für ihre Aufgabe, an der Besserung des herrschenden Rechtszustandes mitzuarbeiten. Nur im Staatsrecht wird in der Regel das gegebene Recht als das keiner Rechtfertigung bedürftige behandelt, und die politischen Gegensätze der Rechtslehrer zeigen sich darin, wie sie ihre politischen Ansichten in den positiven Rechtsstoff hineintragen.

Ich will das Gesagte an einem wichtigen Punkte des Staatsrechtes vieler kontinentaler Staaten demonstrieren. Man hört ja so oft, dafs Premierminister und Kabinett in England zu den offiziellen Rechtsinstitutionen nicht zählen, dem Gesetze unbekannt sind, dafs aber ohne sie die ganze Staatsordnung des britischen Reiches schlechthin unverständlich wird. Daher würden heute Versuche englischer Juristen, wie sie im 18. Jahrhundert vorgenommen wurden, das Kabinett in einer Darstellung des Staatsrechtes gar nicht zu erwähnen, dem Fluche der Lächerlichkeit anheimfallen. Nun gibt es aber eine ganze Gruppe von Staaten, die einen Ministerrat, ein Gesamt- oder Staatsministerium besitzen, ohne dafs diese Organisation auf der Verfassung, einem Gesetze oder einer Rechtsverordnung beruht. Das ist der Fall namentlich in Belgien, wo der Ministerrat dem Buchstaben des Gesetzes ganz unbekannt ist, wo auch der Titel eines Präsidenten des Ministerrates nicht existiert, trotzdem die solidarisch verantwortlichen Minister dort stets kollegialisch unter der Leitung eines vorsitzenden Ministers beraten [1]). In anderen

---

[1]) Vauthier, Das Staatsrecht des Königreichs Belgien im H.B. d. öff. Rechts, S. 50. Dupriez, Les ministres dans les principaux pays d'Europe et d'Amérique, 2e ed. 1892/93 I, p. 217. Ganz ausnahms-

Staaten besteht zwar das Amt eines Ministerpräsidenten, ohne aber durch ausdrückliche Vorschriften geregelt zu sein, so in Frankreich [1]) und Österreich. In Österreich wird des Ministerpräsidenten nur in den Beilagen zum Gesetze über die Bezüge der Staatsbeamten Erwähnung getan [2]), er führt im geschriebenen Rechte dieses Staates ausschliefslich eine budgetäre Existenz. Ferner wird dort das Gesamtministerium in manchen Gesetzen vorausgesetzt, sie enthalten Hindeutungen auf eine nirgends ausdrücklich geregelte Einrichtung, die in anderen Staaten geschriebenen Rechtes eingehende rechtliche Durchbildung erfahren hat. Nichtsdestoweniger ist auch in Österreich das Ministerium eine verfassungsrechtliche Institution, deren Organisation formell allerdings nicht auf zwingenden Rechtssätzen beruht, sondern ihr Dasein dispositivem Rechte verdankt, das auf dem kaiserlichen Rechte der Ministerernennung und der Verantwortlichkeit der Minister aufgebaut ist [3]). Ohne Einigung der Minister über die Richtung der einzuschlagenden Politik, über wichtige Fragen der Verwaltung ist eine widerspruchslose Leitung des Staates unmöglich. Daher ist das Gesamtministerium eine notwendige Einrichtung eines jeden Staates, mag sie nun auf Gesetz beruhen oder nicht. In der Art seiner Einrichtung, in dem Umfang seiner Befugnisse wird sich die Sonderart eines jeden Staates offenbaren. Sein Dasein selbst aber hängt nicht von der Willkür der Staatsoberhäupter und Minister ab, da die Forderungen der Einheit des Staatslebens sich gegen alles

---

weise sind dem Ministerkonseil in bestimmten Fällen gewisse Funktionen zugewiesen, vgl. Beltjens, La Constitution belge revisée. Liège 1894, zu Art. 65 no. 6.

[1]) Lebon, a. a. O. S. 53, Dupriez II, p. 353ff.

[2]) Gesetz vom 15. April 1873, R.G.B. Nr. 47.

[3]) Die österreichischen Staatsrechtslehrer konstatieren einfach das Dasein von Ministerpräsidenten und Ministerrat, ohne deren Rechtsgrund zu untersuchen. Vgl. Ulbrich, Lehrbuch des österr. Staatsrechts, S. 145, Seidler, v⁰. Minister im österr. Staatswörterbuch II¹, S. 739, Hauke, Grundrifs des Verfassungsrechts (im Grundrifs des österr. Rechts), 1905, S. 78.

Widerstreben einzelner Personen durchsetzen müssen. Das Gesamtministerium beruht daher überall auf dem Rechte, es ist eine unumgängliche Voraussetzung des Funktionierens der Verfassung und der verfassungsmäfsigen Verantwortlichkeit, und es ist in dieser Hinsicht gleichgültig, ob es gemäfs einem Gesetze oder ohne Gesetz oder — wie in England — sogar gegen das Gesetz gebildet ist. Wo aber geschriebene Rechtssätze mangeln und soweit es nicht durch materielle Gesetze geregelt ist, beruht sein Dasein und Wirken auf dem nachgiebigen Verfassungsrecht, welches als flüssiges Element die weiten Zwischenräume, welche die geschriebenen Verfassungsnormen darbieten, ausfüllt.

VI.

Durch die Art der Ausübung staatlicher Macht wandelt sich die Verfassung. Geschieht dies aber auch durch konstante Nichtausübung einer staatlichen Machtbefugnis? Auch diese aufserordentlich wichtige Frage wollen wir zunächst an einem konkreten Beispiel demonstrieren.

Zu den bekanntesten Daten, mit denen die heutige Stellung des englischen Königtums charakterisiert zu werden pflegt, zählt die Tatsache, dafs vor nunmehr bald zweihundert Jahren zum letzten Male — von der Königin Anna — gelegentlich einer Bill über die schottische Miliz die Krone von dem ihr zustehenden Rechte der Sanktionsverweigerung, dem Vetorechte [1]), Gebrauch gemacht habe. Daraus wird dann in

[1]) Dafs formal-juristisch die Krone nicht ein Veto-, sondern ein Sanktionsrecht hat, dafs sie überall positiv teilnimmt an der Gesetzgebung, nicht etwa blofs negativ den Willen des Parlamentes zu vernichten befugt ist, wird hier als bekannt vorausgesetzt. Seitdem aber Montesquieu ausgeführt hat, dafs die Approbation der Gesetze durch den Monarchen „n'est autre chose qu'une déclaration qu'il ne fait point d'usage de sa faculté d'empêcher," wird namentlich in der ausländischen Literatur die so gezeichnete politische Funktion der Sanktion in den Vordergrund gestellt. Hierbei mag die, soviel ich sehe, bisher unbeachtete Tatsache hervorgehoben werden, dafs die Ausdrücke: Sanktion und sanktionieren dem politischen Jargon der Franzosen von 1789

der Regel der Schlufs gezogen, das Vetorecht des Königs sei überhaupt verloren gegangen, es sei durch Nichtgebrauch erloschen. Offiziell wurde dies allerdings im Parlament niemals zugegeben. nach 1868 hat Staatssekretär Hardy im Unterhause die unerschütterliche Existenz dieses Kronrechtes behauptet [1]), und ein so bedeutender Kenner des englischen Staatsrechtes wie Todd vertrat noch den Satz, dafs dieser Teil der königlichen Prärogative wie jeder andere lebendig werden könnte, wenn irgendein Kabinett dies unter seiner Verantwortlichkeit für nötig fände [2]). Diese Frage ist hier nicht weiter zu erörtern. Vielmehr will ich den von der Doktrin des Parlamentarismus auf Grund englischer Verhältnisse so häufig wiederholten Satz untersuchen, dafs streng parlamentarische Regierung das Veto der Krone ausschliefse. Ein parlamentarisches Kabinett habe vielmehr stets die Macht, ihm unannehmbare Gesetze im Laufe ihrer Entstehung zu unterdrücken, so dafs es gar nicht zur Anrufung der Ablehnungsmacht des Monarchen kommen dürfe.

Die Amerikaner haben in sehr dankenswerter Weise eine Verfassungsstatistik entwickelt; aus ihr entnehmen wir z. B.

---

ihren Ursprung verdanken. Das Wort „sanction" wird vor 1789 in anderem Sinne als dem der Erteilung der Gesetzeskraft gebraucht. Ganz vereinzelt habe ich es, wovon die französischen Wörterbücher nichts erwähnen, vor 1789 bei Rousseau, Du contrat social IV,4 (Oeuvres compl. 1865 III, p. 374) in einem Sinne gefunden, welcher der heutigen Bedeutung einigermafsen entspricht. „Sanctionner" aber kommt vor 1789 überhaupt nicht vor; von der Académie française ist dieser Terminus erst 1798 zugelassen worden, vgl. Hatzfeld-Darmsteter-Thomas, Dictionnaire général de la langue française h. v°.

1) Her Majesty has no constitutional right to abdicate that part of her prerogative which entitles her to put a veto upon any measure she thinks fit. Hansard, Debates t. CXCII, p. 732.

2) Todd-Walpole, Parliamentary Government in England. London 1892, II, p. 70. Auch Dicey, der die Nichtausübung des königlichen Vetos für eine konstitutionelle Konventionalregel erklärt hat, hält dessen Wiederbelebung in der Richtung für möglich, dafs die Krone auf den Rat des Kabinetts sich die Entscheidung über wichtige Gesetze nach Befragung der Wähler vorbehält, Contemporary Review LXVII, 1890, p. 498. Ebenso Frank H. Hill, The future of English Monarchy in derselben Zeitschrift p. 201.

das Datum, dafs der Präsident der Vereinigten Staaten in den ersten hundert Jahren seit dem Bestehen seines Amtes 433 mal von seinem Vetorechte Gebrauch gemacht habe. Eine solche genaue Vetostatistik für die anderen Staaten wäre gewifs höchst interessant und belehrend. Aus ihr ergäbe sich, dafs die tatsächliche Übung des Veto regelmäfsig nur bei Landesgesetzen eines dezentralisierten Reiches stattfindet[1]). So werden österreichische Landesgesetze wegen ihrer Nichtübereinstimmung mit den Reichsgesetzen oder wegen ihres Widerstreites mit wichtigen staatlichen Gesamtinteressen häufig nicht sanktioniert, und ähnlich verhält es sich mit den britischen Kolonialgesetzen, von denen eine nicht geringe Zahl die königliche Sanktion nicht erhalten[2]). Blicken wir jedoch auf die von einem Zentralparlamente beschlossenen Gesetze, so ergeben sich für die kontinentalen Monarchien ganz unerwartete Resultate. Für Österreich ist nur ein einziger Fall der Nichtsanktionierung eines vom Reichsrate beschlossenen Gesetzes zu konstatieren, es ist dies das Klostergesetz aus dem Jahre 1876[3]). Kein einziger Fall ist jedoch, soviel ich sehe, in Preufsen nachzuweisen, das gewifs kein parlamentarisch regierter Staat ist. In den nahezu sechzig Jahren des Bestandes der heutigen preufsischen Verfassung hat auch in Preufsen, wo man die Selbständigkeit des Königtums so gern zu betonen pflegt, der Monarch sich dem ausgesprochenen Willen des Landtages gegenüber niemals ablehnend verhalten. Kaiser Friedrich trug anfangs Bedenken, den vor dem Thronwechsel eingebrachten, vom preufsischen Landtag beschlossenen Gesetzentwurf über Verlängerung der Legislatur-

---

1) Von zentralisierten Staaten hat die meisten Fälle der Sanktionsverweigerung aufzuweisen Schweden auf Grund seiner eigenartigen Verfassungsverhältnisse, vgl. Aschehoug, Das Staatsrecht der Vereinigten Königreiche Schweden und Norwegen, S. 68.

2) Vgl. Todd, Parliamentary Government in the British Colonies. 2d ed. London 1894, p. 155 ff. Prinz Heinrich XXXIII. v. Reufs j. L., Der britische Imperialismus 1905, S. 70 ff.

3) Vgl. Kolmer, Parlament und Verfassung in Österreich II, 1903, S. 331.

periode von drei auf fünf Jahre zu sanktionieren, versah ihn aber nach mehr als zweimonatlichem Zögern am 27. Mai 1888 mit seiner Unterschrift[1]). Als 1892 sich gegen den mit königlicher Zustimmung in den Landtag eingebrachten Zedlitzschen Schulgesetzentwurf ein gewaltiger Sturm erhob, zumal er der Zustimmung des Landtags sicher zu sein schien, da setzten viele Gegner des Gesetzes ihre letzte Hoffnung auf die Verweigerung der königlichen Sanktion. Wilhelm II. aber, der Volksströmung Rechnung tragend, befahl die Zurückziehung des noch dem Abgeordnetenhause vorliegenden Entwurfes und entliefs den Kultusminister[2]).

Hingegen finden wir, was auf den ersten Blick Staunen erregen dürfte, das königliche Veto tatsächlich ausgeübt in dem Lande, das auf dem Kontinente als Typus der parlamentarischen Monarchie gilt, in Belgien[3]). Zwei belehrende Fälle unterbliebener königlicher Sanktion seien kurz erörtert. Im Jahre 1845 hatten die belgischen Kammern ein Gesetz beschlossen, durch welches der Getreidezoll bedeutend erhöht werden sollte. Kurze Zeit nachher fiel das Kabinett Nothomb, und zugleich war infolge der plötzlich auftretenden Kartoffelkrankheit und voraussichtlicher Mifsernte des Getreides der Brotpreis enorm gestiegen. Das neue Ministerium wagte es gar nicht, das vom Parlamente erledigte Gesetz dem König auch nur vorzulegen, sondern erbat sich von diesem unter beiläufiger Erwähnung jenes Gesetzes die Zustimmung zu Mafsregeln, die in vollem Widerspruch zu ihm freie Ein-

---

1) Bismarck, Gedanken u. Erinnerungen. II, S. 306 f.

2) Auch in den anderen deutschen Staaten habe ich keinen Fall der Sanktionsverweigerung auffinden können; sollte sie dennoch irgendwo vorgekommen sein, so dürfte solches doch nur zu den als ganz ausnahmsweise eintretenden Ereignissen im Staatsleben zu zählen sein. In Baden hat Grofsherzog Friedrich 1876 einige Zeit gezögert, das von der Kammer beschlossene Schulgesetz zu vollziehen, was mit dem Falle des Ministers Jolly zusammenhing. Es wurde aber am 18. September 1876 sanktioniert.

3) Es kommt dort in doppelter Form vor: entweder der König verweigert die Sanktion ausdrücklich, oder er unterläfst sie einfach. Vgl. Beltjens, a. a. O., p. 404.

führung von Lebensmitteln gewährten. Ein neues, der bedenklichen Situation angepafstes Gesetz wurde von beiden Kammern einstimmig angenommen, und von dem auf so eigentümliche Weise beiseite geschobenen früheren Gesetze war nie mehr die Rede[1]).

Anders war der Vorfall, der sich 1884 zugetragen hat. Da hatte ebenfalls ein Ministerwechsel stattgefunden, und das neue Kabinett fand einige noch nicht sanktionierte Gesetze bezüglich der Errichtung neuer Gemeinden vor. Gegen diese Gesetze hatten die neuen Minister in der Kammer energisch Opposition gemacht, und sie hielten es daher nicht für angezeigt, die von ihnen bekämpften Beschlüsse mit ihrer Unterschrift zu versehen. Da wurde denn offiziell ein königlicher Erlafs veröffentlicht, dafs auf Gutachten des Ministerrates und auf Antrag des betreffenden Ressortministers den erwähnten Gesetzesprojekten die königliche Sanktion verweigert werde[2]).

Man sieht also, die Sanktionsverweigerung ist mit einem parlamentarischen Regierungssystem keineswegs unvereinbar. Auch hängt von Ausübung solchen Vetos die politische Machtstellung des Monarchen in keiner Weise ab. Es gibt sogar

---

[1]) Vgl. Ernst Vandenpeereboom, Du gouvernement représentatif en Belgique II, 1856, p. 142—148, 153—155. Dieser Fall ist so aufserordentlich interessant, weil er Möglichkeiten des konstitutionellen Staatslebens kennen lehrt, die von der staatsrechtlichen Theorie bisher nicht in Betracht gezogen worden sind. Unterläfst es ein Ministerium, einen von den Kammern erledigten Gesetzentwurf dem Monarchen zur Sanktion vorzulegen, und ist für die Erteilung der Sanktion eine zeitliche Grenze bestimmt, so ist nach Ablauf dieser Frist das Gesetz ebenso als abgelehnt zu betrachten, wie wenn der Monarch die Sanktion verweigert hätte. Ein Gesetz kann also ohne jedwede Handlung oder Unterlassung des Monarchen nicht sanktioniert werden. Solchenfalls verletzen zwar die beteiligten Minister eine Amtspflicht, wenn aber die Kammern keine Veranlassung finden, die Ministerverantwortlichkeit geltend zu machen, so fehlt der Verfassung in diesem Punkte jede Garantie, zumal auch in der nachträglichen Entlassung der Minister eine solche nicht gefunden werden kann.

[2]) Vgl. Dupriez, I, p. 247. Die Verweigerung der Sanktion erfolgte durch Arrêté royal vom 4. August 1884 „de l'avis de notre conseil des ministres et sur la proposition de notre ministre de l'intérieur et de l'instruction publique“. Pasinomie belge 1884, Nr. 261.

ein Staatsoberhaupt, dem es verfassungsmäfsig mangelt, und das doch politisch viel stärker ist als viele mit Sanktionsrecht begabte Monarchen. Bekanntlich ist das der deutsche Kaiser, der die Reichsgesetze blofs zu verkündigen, nicht auch zu sanktionieren hat, und es ist auch tatsächlich vorgekommen, dafs ein Gesetz, gegen welches Preufsen im Bundesrate gestimmt hatte, vom Kaiser, der Reichsverfassung entsprechend, verkündigt wurde[1]). Die Gründe, aus denen man in vielen Monarchien das Veto nicht anzuwenden trachtet, sind mannigfaltig, nicht zum geringsten ist es der Wunsch, die Person des Monarchen nicht in den Vordergrund zu rücken, was unvermeidlich ist, wenn es gilt, dem perfekt gewordenen Willen der Volksvertretung sich entgegenzustellen. Das ist wohl auch der Hauptgrund, weshalb man es in England stets vermeidet, von dem Vetorecht Gebrauch zu machen. Es wäre dort sicherlich für den König höchst peinlich, vor versammeltem Parlamente zu erscheinen und den royal assent ausdrücklich zu verweigern oder auch nur eine Kommission zu diesem Zwecke abzuordnen, noch auch liegt ein solches persönliches Hervortreten des Königs, zu welchem er gezwungen wäre, wenn ihn in Ausnahmefällen das Kabinett zu einem Veto bewegen wollte, in den konstitutionellen Überlieferungen der Engländer. Wo die Verfassung ein Vetorecht ohne entsprechende ministerielle Verantwortlichkeit gewährt, wie in Norwegen, da hat dessen Ausübung dem König Oskar II. die Krone gekostet.

Welche Gründe aber auch immer gegen die Ausübung der im Sanktionsrecht liegenden Vetobefugnis sprechen mögen, so ist diese Befugnis dennoch eine reale politische Macht von gröfster Bedeutung. Schon deren Möglichkeit bestimmt den Gesetzgebungsprozefs derart, dafs in den weitaus meisten Fällen die Voraussicht ihrer möglichen Handhabung es zu einer solchen gar nicht kommen läfst, namentlich nicht dort, wo das Zweikammersystem in entsprechender Weise funktioniert.

---

[1]) Es ist dies das Gesetz über den Sitz des Reichsgerichts vom 1. April 1877, welches für diesen Sitz Leipzig bestimmte, während Preufsen hierfür Berlin vorgeschlagen hatte.

Das Veto braucht daher niemals angewendet zu werden und wirkt doch fortwährend. In Monarchien wie Preufsen und Österreich bedarf dies keines näheren Beweises. Aber selbst in England ist trotz seiner ständigen Nichtausübung seine Bedeutung als Hemmungsmittel der Gesetzgebung keineswegs gänzlich erloschen. Es gewährt der Krone dort die Macht, in die früheren Stadien des Gesetzgebungsprozesses einzugreifen, indem der König die Einbringung einer Bill von seiner Genehmigung abhängig machen kann[1]). Achtundzwanzig Jahre lang haben so Georg III. und Georg IV. in den ersten Dezennien des 19. Jahrhunderts die Katholikenemanzipation zu verhindern gewufst. Aus neuesten Publikationen erfahren wir, welch hartnäckigen Widerstand selbst noch die Königin Viktoria manchen gesetzgeberischen Plänen ihrer Kabinette entgegensetzte, wie schwer ihr Gladstone die Erlaubnis zur Einbringung der Home Rule abgerungen hatte, auf deren Fall im Oberhause im Jahre 1893 sie vermutlich erfolgreichen Einflufs genommen hat[2]).

Unsere Darlegung ergibt, dafs man aus noch so langer Nichtausübung staatlicher Machtbefugnis allein keineswegs den Schlufs ziehen darf, dafs die betreffenden Verfassungs- und Gesetzesbestimmungen überhaupt obsolet geworden seien. In diesem Sinne kann man sagen, dafs staatliches Hoheitsrecht seinem Wesen nach unverjährbar sei. Darum gehört

---

[1]) Vgl. über den heutigen Einflufs der Krone auf die Gesetzgebung Anson, Law and Custom of the Constitution, I, 3th ed. 1897, p. 300.

[2]) Die Königin hat durch ihren persönlichen Einflufs vermittelst des Erzbischofs Tait von Canterbury die Zustimmung der widerstrebenden Lords zu der irischen Kirchenbill 1869 durchgesetzt, vgl. Sidney Lee, Queen Victoria. New edition, London 1904, p. 405 ff. Aus ihrer erbitterten Gegnerschaft gegen die Home Rule-Bewegung hat sie nie ein Hehl gemacht, mit offener Freude nahm sie den Fall der Bill 1893 bei den Lords entgegen. (Lee, p. 492 ff., 524 f.). Hatte sie einst durch ihre Unterstützung in der irischen Kirchenfrage der Gladstoneschen Politik Schwierigkeiten aus dem Wege zu räumen gewufst, indem sie einen Konflikt zwischen Lords und Unterhaus beseitigte, so ist es mehr als wahrscheinlich, dafs ihre bekannte Feindschaft gegen Gladstones irische Pläne die Lords in ihrem energischen Widerstand gegen diese bestärkte.

es zu den schwierigsten Untersuchungen, im Einzelfall zu bestimmen, inwieweit eine faktisch nie geübte Macht rechtliche Bedeutung besitzt oder nicht, d. h. ob sie gilt, ob ihr die Kraft innewohnt, ihre normative Bedeutung für das Staatsleben in irgendeinem Falle zu betätigen. Das interessanteste Objekt hierfür böten die gesetzlichen Bestimmungen über Ministerverantwortlichkeit in vielen Staaten.

Es ist ja bekannt, dafs heute überall die sogenannte politische Ministerverantwortlichkeit, die ununterbrochen von den Parlamenten gehandhabt wird, die durch Ministeranklage vor einem Staatsgerichtshof geübte sogenannte staatsrechtliche Verantwortlichkeit in den konstitutionellen Monarchien tatsächlich ersetzt hat. In Österreich z. B. erschöpfte sich bisher die sichtbare Bedeutung der staatsrechtlichen Verantwortlichkeit darin, dafs ein Antrag auf Ministeranklage im Reichsrate als Demonstrations- oder Obstruktionsmittel gebraucht werden konnte. In anderen Staaten mit fein ausgeklügelten Verantwortlichkeitsgesetzen ist es bisher nicht einmal zu solchen mehr oder minder gelungenen parlamentarischen Scherzen gekommen. Immerhin wird man aber sagen können, dafs die Sätze über staatsrechtliche Ministerverantwortlichkeit, wenn auch niemals zur Anwendung kommend, motivierend auf die Minister und daher garantierend wirken. Wie aber steht es mit den Staaten, welche die Ministerverantwortlichkeit bisher nur als Prinzip ausgesprochen, die näheren Ausführungen jedoch besonderen Gesetzen vorbehalten haben, die niemals zustande kommen oder gar mit einem Staate, der die Minister für verantwortlich erklärt, ohne irgendwie diese Verantwortlichkeit zu definieren, wie es im Deutschen Reiche mit der Verantwortlichkeit des Reichskanzlers, seiner Stellvertreter, des Statthalters von Elsafs-Lothringen und des Staatssekretärs des Reichslandes der Fall ist? Doch steht das Deutsche Reich damit keineswegs allein. Auch das heutige französische Recht spricht nur das Prinzip der solidarischen und individuellen Verantwortlichkeit der Minister aus, ohne deren Wesen zu definieren. Nicht minder kennt die italienische Verfassung nur das

Prinzip der Ministerverantwortlichkeit ohne jede nähere Bestimmung, und ebenso verhält es sich mit der heutigen spanischen Verfassung. In diesen drei Staaten sind zwar Kläger und Richter für die Minister bestellt, aber keine Normen für Klage und Urteil vorhanden. Andere Staaten verheifsen in ihren Verfassungen Ausführungsgesetze für die Ministerverantwortlichkeit, ohne dafs diese zustande kämen. So verhält es sich in Preufsen, Portugal, Belgien, Dänemark, Island.

Man sieht, Staaten der verschiedensten politischen Struktur: solche ohne und mit parlamentarischer Regierung, Monarchien und Republiken entbehren eines klaren, durchgebildeten Ministerverantwortlichkeitsrechtes. Für diese Staaten ist die nicht zu umgehende äufserst schwierige Frage zu lösen: gehört in ihnen die Ministerverantwortlichkeit zu den staatsrechtlichen Institutionen oder nicht? Die Erfahrungen, welche man mit den Instituten der Ministeranklage und den Staatsgerichtshöfen gemacht hat, lassen heute auch den Parlamenten in diesen Staaten die Ausgestaltung der Ministerverantwortlichkeit als eine rein doktrinäre Forderung erscheinen. Im Deutschen Reich und in Preufsen denkt man an Ausführungsgesetze nicht, in den anderen erwähnten Staaten sind die Versuche, die Bestimmungen der Verfassungen entsprechend zu ergänzen, bisher mifslungen und werden noch in absehbarer Zeit nicht gelingen [1]). Man begnügt sich in diesen Staaten mit der praktisch allein bedeutsamen politischen Verantwortlichkeit, deren konkrete Ausgestaltung der Eigenart eines jeden dieser Staaten angepafst ist. Die staatsrechtliche Literatur aber gerät den Verfassungsbestimmungen gegenüber in Verlegenheit, namentlich in Deutschland; die Existenz der staats-

[1]) Für Frankreich vgl. v. Frisch, Die Verantwortlichkeit der Monarchen und höchsten Magistrate, S. 60 f. Für Italien, Dänemark, Island ebenda S. 98. In Portugal ist das im Art. 104 der Verfassung vom 29. April 1826 vorgesehene Ausführungsgesetz noch nicht zustande gekommen. In Belgien ist noch immer Art. 134 der Verfassung in Geltung, der Anklage und Gericht provisorisch bis zu Zustandekommen des im Art. 90 vorgesehenen Gesetzes regelt.

rechtlichen Verantwortlichkeit im Reiche und in Preußen wird bald behauptet, bald abgelehnt. Aber auch ihre Verteidiger kommen nicht über den Gedanken der lex imperfecta hinaus und vermögen keinerlei rechtliche Wirkungen aus ihr abzuleiten. Trotz aller Versicherung der Verfassungen ist sie toter Buchstabe geblieben.

VII.

Mit der Frage nach der Verfassungswandlung innig verknüpft ist die nach den Verfassungslücken. Die vorstehenden Ausführungen haben zugleich manche Beispiele für das Dasein solcher Lücken gegeben, die nicht geleugnet werden können, wenn man das grundsätzliche Verhältnis von Staat und Recht erkannt hat und weiß, daß der Staat in erster Linie eine soziale und historische Erscheinung ist, die das Recht zu ordnen, aber nicht zu schaffen vermag[1]). Das historische Geschehen aber, in dem die Staaten sich ausleben, ist menschlicher Voraussicht nur in höchst unvollkommener Weise zugänglich und es daher unmöglich, daß das Recht, welches bewußt in Zukunft wirken will, in alle Zukunft seine Normen für unvorhergesehene und unvorhersehbare Ereignisse bereithalten kann. Darum ergibt auch die geschichtliche Erfahrung die Erkenntnis, daß jede Verfassung mit Lücken behaftet ist, die sich oft erst nach langer Zeit zeigen und nicht mit den herkömmlichen Mitteln der Interpretation und Analogie ausgefüllt werden können. Wer hätte bei der Schöpfung unserer

[1]) Über Verfassungslücken vgl. meine Allg. Staatslehre S. 347 ff. und aus der neuesten Literatur Anschütz, Lücken in Verfassungs- und Verwaltungsgesetzen, im Verwaltungsarchiv XIV (1906) S. 315 ff., der mit mir im Resultate übereinstimmend, irrtümlicherweise a. a. O. S. 335 gegen eine von mir niemals aufgestellte Behauptung polemisiert. Daß bei Konflikten zwischen Regierung und Volksvertretung es überall an einem Richter fehle, habe ich weder in der von Anschütz zitierten Stelle noch sonst irgendwo ausgeführt. Ganz im Gegenteil habe ich bereits, Gesetz und Verordnung, 1887, S. 309 auf Staatsgerichtshöfe zur Entscheidung von Konflikten hinsichtlich des Budgetrechtes hingewiesen und habe auch mehrere für solche Fälle in deutschen Staaten bestehende Tribunale ausdrücklich hervorgehoben.

Verfassungen an die Möglichkeit der Obstruktion gedacht, die in Österreich und Ungarn Jahre hindurch eine dauernde Erscheinung des Staatslebens wurde und damit die Parlamentstätigkeit zeitweilig aus den staatlichen Funktionen ausschaltete? Damit wurden in diesen Staaten Zustände geschaffen, deren Regelung oft rein faktischer, nicht rechtlicher Natur war, was sich namentlich auf dem Gebiete des Etatsrechts gezeigt hat.

Solche unvermutet auftauchende Entdeckung des Daseins von Verfassungslücken kann zwar zu Verfassungswandel führen, indem der neue faktische Zustand zu gewohnheitsrechtlicher Anerkennung gelangt und ihm normale Bedeutung beigelegt wird. Doch wendet sich Erkenntnis von Verfassungslücken in der Regel an den Gesetzgeber, denn Verfassungsänderung ist der sicherste Weg, eine derartige Lücke gründlich auszufüllen.

Bisher haben wir die Wandlungen und Änderungen unserer Verfassungen im Auge gehabt, die den heutigen Typus in seinen Grundzügen bestehen lassen. Nunmehr will ich es aber wagen, einen höheren Standpunkt der Betrachtung zu erklimmen und mit kühnem Unterfangen auf das höchste und tiefste Problem des Verfassungswandels hindeuten. Und zwar will ich solches versuchen mit der kühlen Objektivität des Mannes der Wissenschaft, der nicht Gefühle und Wünsche zu äufsern, sondern nur die Ergebnisse der von allem Subjektiven möglichst befreiten leidenschaftslosen Erkenntnis aussprechen will.

Unvergleichlich lehrreicher als alle die erörterten Verfassungswandlungen, die diese oder jene Stelle der Verfassung ergreifen, sind diejenigen, welche ohne jede plötzliche Erschütterung des Staates selbst völlige Zerstörung der gegebenen Staatsordnung und völligen Neubau des Staates als letztes Resultat aufweisen. Es bedarf langer Zeiträume und des Wirkens grofser historischer Mächte, um solches hervorzurufen. Blicken wir rückwärts in die Geschichte, so gewahren wir staunend, wie auch die tiefsten Grundlagen eines

Staatswesens, auf denen es viele Jahrhunderte scheinbar unerschütterlich ruhte, zerbröckeln, wanken, in sich zusammenstürzen können, ohne dafs es die Hand des zweckbewufsten Gesetzgebers gewesen wäre, die an ihnen gerüttelt hätte. Die Lehre von solchem langsamen Sterben der Verfassungen ist noch wenig gepflegt worden. Sie können sterben, weil der Wert ihrer Institutionen so tief sinkt, dafs niemand ihrer mehr begehrt, dafs sich schliefslich keine Menschen mehr finden, die ihren Willen in den Dienst jener Einrichtungen stellen wollen. Es kann eine herrschende Volksversammlung stolzester Art geben, an der doch schliefslich niemand mehr teilnehmen will. Wir finden sie in Gestalt des populus Romanus. Die römischen Komitien sind niemals aufgehoben worden. Noch unter Nerva können wir ihre Spuren verfolgen, dann verlieren sie sich in nächtliches Dunkel. Wir können uns eine ehrfurchtgebietende, weltbeherrschende Krone denken, die doch eines Tages niemand mehr begehren will. Am 6. August dieses Jahres wird es ein Jahrhundert, dafs Franz II. die Krone der römischen Kaiser deutscher Nation niederlegte. Wenn ein Monarch abdankt, so erhält er nach jedem monarchischen Staatsrecht einen Nachfolger. Trotzdem aber damals noch der gröfste Teil des Reiches aufserhalb des Rheinbundes geblieben war, fand sich doch niemand, den es nach dieser Krone gelüstet hätte. Das Auseinanderfallen des Reiches ist das betrübendste Beispiel vom staatsrechtlichen Tode.

Solche Lehren der Vergangenheit machen uns behutsam, nicht allzusehr der Dauer irgendwelcher menschlicher Institutionen zu vertrauen. Die Zukunft zu enträtseln gelingt uns zwar niemals mit voller Sicherheit. Allein wenn wir die Bahn einer bestehenden staatlichen Einrichtung längere Zeit verfolgen konnten, so vermögen wir doch immerhin ihre fernere Ausgestaltung mit einiger Sicherheit, wenn auch nur in grofsen Zügen, zu bestimmen. Überblicken wir nun das Jahrhundert konstitutioneller Erfahrungen, das hinter uns liegt, so gelangen wir zu ganz merkwürdigen Ergebnissen, die noch vor einem Menschenalter niemand geahnt hatte. Die grofsen Kämpfe um Herstellung und Durchbildung des konstitutionellen Staates hatten in erster Linie Schöpfung und Machtentfaltung der Volksvertretungen zum Ziele. Auf ihnen sollte der Staat der Gegenwart und Zukunft ruhen, das Zeitalter des Absolutismus durch das des Parlamentarismus[1]) als der letzten möglichen Entwicklungsstufe des Staates abgelöst werden. Diese Parlamente haben jedoch einen ungeahnten Wandel erfahren, der mit immer gröfserer Schärfe hervortritt, wenn er auch nicht überall bemerkt wird. Diese Parlamente haben nämlich die steigende Tendenz, ihre Macht an eine andere, aus ihnen hervorgehende oder mit ihnen in Verbindung stehende abzutreten oder aber an politischer Bedeutung zu sinken.

Am interessantesten und bedeutsamsten ist die Erkenntnis der gründlichen Änderung, die sich im Laufe der neuesten Zeit in der politischen Stellung der Parlamente in ihren Ursprungsländern, den angelsächsischen Staaten, vollzogen hat. Da treten uns der Zeit nach als erste der so gewandelten Volksvertretungen die der amerikanischen Union und ihrer Einzelstaaten entgegen. Dort hat sich, wie namentlich

---

[1]) Wenn hier und im folgenden vom Parlamentarismus die Rede ist, so verstehen wir darunter nicht nur die parlamentarischen Einrichtungen selbst, sondern auch die Gesamtheit der mit diesen verknüpften Institutionen, die ja in den einzelnen Staaten verschiedene Typen zeigen. Von Bedeutung sind da für die Typenbildung namentlich die Verfassungssätze, die in bestimmten Gruppen von Staaten die parlamentarische Macht in Schranken zu bannen bestrebt sind. So ergibt sich vor allem der Gegensatz von Staaten, wie England und Frankreich, die dem expansiven Streben ihrer Parlamente keine Schranken setzen, zu solchen wie Amerika mit dem strengen Prinzip der Gewaltenteilung, das die Bildung parlamentarischer Regierungen nach europäischen Mustern verhindert, oder zu solchen wie die deutschen Staaten, welche die monarchische Vorherrschaft gegenüber den Parlamenten geschichtlich bewahrt haben. Wie eigenartig aber auch die Stellung der Parlamente in jedem einzelnen Staate sein mag, so zeigt doch das parlamentarische Wesen überall gemeinsame Züge, die eben nur in dem einen Staate mit gröfserer Schärfe und Deutlichkeit hervortreten als in dem anderen.

Woodraw Wilson in einem berühmten Werke dargetan hat [1]), das Schwergewicht des Repräsentantenhauses derart verschoben, dafs es ganz in seine Komitees verlegt wurde, die wiederum dem bestimmenden Einflusse ihrer Vorsitzenden unterliegen. Alle wichtigen Angelegenheiten des Hauses werden definitiv im Komitee entschieden, während das Plenum nur formell dessen Beschlüsse zu bestätigen hat [2]). Diese Komitees werden in souveräner Weise von dem Sprecher des Hauses ernannt, der nur durch die Sitte gebunden ist, dabei die beiden Parteien zu berücksichtigen. Unter diesen Komitees ragen namentlich die beiden für die Finanzwirtschaft, das der Wege und Mittel und das der Appropriationen hervor. Die Obmänner der Komitees, in Verbindung mit der Exekutive stehend, üben der Sache nach die Funktionen von Ministern zweiten Grades, und zwar von gänzlich unverantwortlichen Ministern aus. Ein amerikanischer Diplomat hat sogar die Behauptung aufgestellt, die Regierungsform der Union sei ein absoluter und unverantwortlicher Despotismus, der unter dem Deckmantel konstitutioneller Formen von sechs Personen ausgeübt werde, nämlich dem Präsidenten der Vereinigten Staaten, dem Staatssekretär, dem Schatzsekretär, dem Sprecher des Repräsentantenhauses und den von diesem ernannten Vorsitzenden der beiden erwähnten Komitees [3]).

Auf ganz andere Weise als in der Union ist die Macht der Legislaturen in den Einzelstaaten eingeschränkt worden. Dort ist die Gesetzgebung mit viel beschränkteren Vollmachten ausgestattet als der Kongrefs. In steigendem Mafse werden bestimmte Angelegenheiten aus dem ordentlichen Laufe der

---

[1]) Woodraw Wilson, Congressional Government. Mir liegt die dreizehnte Auflage (Boston 1898) dieses Buches vor, das auf alle anderen Darsteller der politischen Stellung des Kongresses, so vor allem auf Bryce, den tiefsten Einflufs genommen hat.

[2]) Über das amerikanische Komiteewesen vgl. auch die Darstellung von Bryce, I, ch. XV.

[3]) Eugen Schuyler, American Diplomacy, zitiert bei Laveleye, Le gouvernement dans la démocratie II, 3e ed 1896, p. 135.

Gesetzgebung ausgeschieden und der Verfassungsgesetzgebung zugewiesen. Diese aber wird ausgeübt unter unmittelbarer Teilnahme des Volkes, das durch die Wahl von Verfassungskonventionen und in direkten Abstimmungen seinen Willen äufsert. In der Ausdehnung dieses Systems gibt sich das deutliche Mifstrauen der Amerikaner gegen ihre Staatenlegislaturen kund, gegen die noch andere einschränkende Mafsregeln ergriffen worden sind [1]).

Den gewaltigsten Umwälzungsprozefs hat aber in neuester Zeit, in den Anfängen bis zur zweiten Reformbill zurückreichend, das Urbild aller Parlamente, das des britischen Reiches erfahren. Die landläufigen kontinentalen Ansichten des englischen Parlamentarismus stehen noch immer vielfach unter dem bestimmenden Einflufs des geistvollen Werkes von Bagehot über die englische Verfassung, das unmittelbar vor der Disraelischen Parlamentsreform geschrieben, deren wachsende Wirkung nicht vorhersehen konnte. Nun haben die Demokratisierung des Wahlrechtes durch die zweite und dritte Reformbill, die irische Obstruktion, der Burenkrieg, die fortschreitende Verschärfung der Geschäftsordnung des Unterhauses, zuletzt durch Balfour, um nur einige der wichtigsten Ereignisse zu nennen, das Wesen des englischen Parlamentarismus tief verändert, so dafs von einer Herrschaft des Unterhauses nur mehr in formellem Sinne gesprochen werden kann. In Parlamentsdebatten und Reden von Staatsmännern, auf Meetings und Banketten, aber auch schon in der politischen und staatsrechtlichen Literatur ist in England ein oder das andere Symptom der neuesten Phase der Änderung der bestehenden politischen Machtverhältnisse erkannt und hervorgehoben worden. Im Zusammenhange wurde jedoch die neue tatsächliche Verfassung des heutigen England dargestellt von Sidney Low in einem Werke, das in seiner Heimat das gröfste Aufsehen erregt hat und bestimmt ist, auch in der übrigen Welt

---

[1]) Vgl. Bryce I, ch. XXXVIII—XL, Oberholtzer, The Referendum in America. Philadelphia 1893.

die Ansichten über den englischen Parlamentarismus der Gegenwart von Grund aus zu reformieren [1]).

Das Wesen der gegenwärtigen tatsächlichen Verfassung Englands läfst sich am kürzesten dahin charakterisieren, dafs an Stelle der parlamentarischen eine Kabinettsregierung getreten ist, welche, zwar formell wie früher aus dem Parlament hervorgehend, dessen ganze reale Macht an sich gezogen hat.

Das Unterhaus ist heute im wesentlichen ein Kollegium, aus dem der herrschende Parteiführer den gröfseren Teil seines Kabinettes wählt (dessen Minderheit der Zahl seiner Parteigenossen im Oberhause entnommen wird). Das Unterhaus selbst aber kann das Kabinett weder führen noch in wirksamer Weise kontrollieren. Schon die geschäftliche Überlastung des Parlamentes, das seinem territorialen Bereich und dem Umfang seiner Zuständigkeit nach eine geradezu unübersehbare Tätigkeit zu entfalten hat, verhindert es, dafs seine faktische Gewalt auch nur im entferntesten seiner rechtlichen gleichkommt. Es ist vielmehr in allen legislatorischen Fragen, oft bis in die kleinsten Details herab, von der Regierung abhängig, die parlamentarische Kontrolle ist gleich null, die blofse Drohung eines Rücktrittes zwingt selbst die widerstrebende Majorität in den Dienst des Kabinetts. Das Prinzip der politischen Solidarität des Kabinetts, weit davon entfernt, dessen Verantwortlichkeit zu stärken, gewährt ihm vielmehr eine unwiderstehliche Macht, da die Unterhausmehrheit jederzeit vor die Wahl gestellt werden kann, entweder eine noch so fragwürdige Mafsregel eines Kabinettsmitgliedes unangefochten zu lassen oder der Opposition die Führung des Landes zu überlassen. Im Unterhause selbst ist daher in

[1]) Sidney Low, The Governance of England, zuerst London 1904 erschienen und seither mehrmals aufgelegt. Es gereicht mir zur Freude mitteilen zu können, dafs dieses ausgezeichnete Buch, auf meine Veranlassung von kundigster Hand übersetzt, demnächst in deutscher Sprache erscheinen wird. Damit wird endlich wieder einmal dem grofsen Publikum Gelegenheit geboten werden, das heutige England in englischer Beleuchtung kennen zu lernen.

neuester Zeit mehrmals mit Bitterkeit bemerkt worden, dafs es weniger einer gesetzgebenden Versammlung, als einem die Dekrete der Regierung registrierenden Körper gleiche. Die neuesten Reformen der Geschäftsordnung haben die Machtstellung des Kabinettes durch Einschränkung der Beratungen und Debatten noch mehr gehoben. Das Unterhaus hat auch die noch vor kurzem unangezweifelte Macht verloren, nach eigenem Ermessen ein Kabinett zu stürzen. Das ist heute nach herrschender Überzeugung bereits den Wählern vorbehalten, die durch Volksabstimmung den gegenwärtigen Leader in seiner Machtstellung bestätigen oder den Oppositionsführer auf den Schild heben.

Während es bis 1867 streng befolgte Regel war, dafs ein Kabinett nur einem ungünstigen Votum des Unterhauses zu weichen habe, prägt sich seit dieser Zeit mit erstaunlicher Raschheit immer schärfer die neue Norm aus, dafs der Ausfall der Neuwahlen unmittelbar das Schicksal des Kabinetts zu bestimmen habe[1]. Als 1892 das Kabinett Salisbury bei den Wahlen mit vierzig Stimmen in der Minorität blieb, wurde es bereits öffentlich getadelt, dafs es nicht sofort zurücktrat, sondern der alten Sitte gemäfs erst ein gegnerisches Votum des Unterhauses abwartete[2]. Schon vor mehr als einem Jahrzehnt hatte es Anson ausgesprochen, dafs die Macht, Kabinette ein- und abzusetzen, zuerst von der Krone ans Unterhaus und nunmehr vom Unterhaus an das Volk übergegangen sei[3]. Solange der Leader der Wählerschaften sicher ist, ist er nicht der Diener, sondern der Herrscher des Parlaments. Sobald aber diese, wenn auch nur bei den Nachwahlen, zu wanken beginnen, wird die Stellung jenes

[1] Vgl. Leonard Courteney, The Working Constitution of the United Kingdom. London 1901, p. 7.

[2] Vgl. Anson, Law and Custom of the Constitution II, 2[d] ed., p. 138 Note 1, Sidney Lee, Queen Victoria p. 524.

[3] The power which determines the existence and extinction of Cabinets has shifted first from the Crown to the Commons, and then from the Commons to the country. ib., p. 138. Ähnlich übrigens schon in der ersten Auflage (1892), p. 132.

schwankend, und bei dem letzten Kabinettswechsel traten die Konservativen sogar aus dem Amte, bevor sie die Mehrheit des Unterhauses verloren hatten. Daher könnte in Zukunft ein Votum des Unterhauses ein Kabinett nur dann noch stürzen, wenn es den Ausdruck gewandelter Volksstimmung darstellt, weil anderenfalls das Kabinett durch Auflösung des Hauses seine Macht von neuem befestigen könnte. England gleicht daher heute einer Dyarchie mit zwei persönlichen Herrschern an der Spitze, einem erblichen, hauptsächlich mit Repräsentations- und einem zeitlichen mit realen Machtbefugnissen ausgestattet, der vom Volke auf unbestimmte Zeit bestellt und nach Belieben abberufen wird.

Während in England die unvergleichliche Machtstellung der Regierung in stetiger, ununterbrochener Entwicklung aus den autochthonen parlamentarischen Einrichtungen hervorgewachsen ist, hat die Übertragung der Repräsentationsverfassung auf die kontinentalen Staaten mit ihrer so ganz anders gearteten Geschichte, sozialen Gliederung und internationalen Machtstellung auch ganz andere Resultate erzielt als in dem britischen Reiche. Ist dort die Herrschaft des Parlaments der Volksüberzeugung das Normale und Selbstverständliche gewesen, so daſs die neueste Wandlung der Parlamentsverfassung eine keineswegs vorhergesehene, sondern erst aus den politischen Tatsachen erschlossene Änderung der staatlichen Machtverhältnisse darstellt, so ist auf dem Kontinente das ganze System parlamentarischer Einrichtungen nirgends so mit dem Staatsleben verknüpft worden, daſs nicht gegen einzelne Teile dieses Systems oder auch gegen das Ganze erhebliche kritische Einwendungen erhoben worden wären. In England hat man sich von Zeit zu Zeit gegen verschiedene Auswüchse des Parlamentarismus gewendet, sie durch Reformen zu beseitigen versucht und auch oft tatsächlich beseitigt. Auf dem Kontinente begegnet uns aber heute ein erstaunliches Miſstrauen gegen die einst mit so groſsen Kämpfen und Opfern gewonnenen parlamentarischen Einrichtungen, nicht überall mit gleicher Schärfe hervortretend, weil auch die Parlamente nicht überall die gleiche Stellung einnehmen und ihre Machtbefugnisse nicht überall den Anforderungen entsprechen, die konsequente Verteidiger des Parlamentarismus nach englischem Muster verlangen.

Überblicken wir die heutige Kritik des kontinentalen Parlamentarismus und die Äufserungen der Gegnerschaft gegen ihn, so ergibt sich folgendes:

Auf dem europäischen Kontinent hat unter den grofsen *Staaten namentlich Frankreich die Vorherrschaft des Parlaments* in typischer Weise durchgebildet. Der festländische Parlamentarismus ist nicht sowohl englischen als vielmehr französischen Ursprungs, und die herrschende parlamentarische Theorie ist in der Zeit der Restauration[1]) und des Julikönigtums ausgebildet worden. Die dritte Republik ist die ausgesprochene parlamentarische Republik, und die unleugbaren Schäden, welche das parlamentarische System in Frankreich gezeitigt hat, haben dort einer sehr energischen und nachhaltigen Untersuchung dieses Systems Nahrung gegeben. Das zeigt sich praktisch vornehmlich darin, dafs im Verlauf von fünfzehn Jahren (1886—1901) nicht weniger als einundvierzig Anträge auf Verfassungsänderung in der Deputiertenkammer eingebracht wurden[2]), von denen die meisten in weiterem oder geringerem Umfange gegen die herrschende Regierungsform gerichtet waren. Gewichtige Stimmen haben sich so gegen das parlamentarische Ministerium erhoben und verlangt, dafs das Kabinett — ähnlich wie in Amerika — nicht mehr den Kammern entnommen werden dürfe[3]). Sodann

---

[1]) Die bisher in ihren Einzelheiten weniger bekannte Entwicklung parlamentarischer Regierung während der Restauration ist nunmehr eingehend dargestellt von J. Barthélemy, L'introduction du régime parlementaire en France sous Louis XVIII et Charles X. Paris 1904.

[2]) Vgl. Lepetit, Propositions de revision des lois constitutionnelles émanant de l'initiative parlementaire depuis 1884 (Pariser These) 1901.

[3]) Revisionsprojekt des Kabinetts Floquet vom 15. Oktober 1888, Lepetit p. 28 ff., Antrag Naquet vom 10. März 1894 (Lepetit p. 50 ff.) Vgl. auch Esmein p. 834.

ist oftmals die der Demokratie so angemessene Forderung laut geworden, dem Volke nicht nur Wahlrechte zu geben, sondern es unmittelbar an wichtigen Entscheidungen teilnehmen zu lassen und die Abgeordneten in eine rechtliche Abhängigkeit von ihren Wählern zu bringen [1]). Auch solche aber, welche sich entschieden auf den Boden der herrschenden Institutionen stellen, erkennen deren schwere Mängel an, vor allem die in Frankreich stärker als anderswo hervortretende Unbeständigkeit der Kabinette und die Unfähigkeit der Kammern zu ständiger, zweckentsprechender legislatorischer Tätigkeit [2]). In der Literatur sind deshalb auch sehr beachtenswerte Kritiker des heutigen Staatsbaues Frankreichs hervorgetreten, teils mit einschneidenden Vorschlägen zur Verbesserung des Gegebenen, teils mit Befürchtungen für die Zukunft [3]).

Angriffe voll Heftigkeit und Bitterkeit sind dem Parlamentarismus in Italien erstanden. Vom prinzipiellen Standpunkt aus hat der bekannte Massenpsycholog Sighele das gesamte parlamentarische Wesen analysiert und vernichtend kritisiert. Es ist überaus bezeichnend, dafs Sighele seine Abhandlung gegen den Parlamentarismus einem Werke über verbrecherische Sekten einverleibt hat [4]). Aber auch auf Grund der eigentümlichen italienischen Verhältnisse hat das parlamentarische Regierungssystem Angriffe und Kritik energischer Art erfahren [5]).

[1]) Vgl. Lepetit p. 99 ff., Esmein p. 288 ff.

[2]) Vgl. z. B. Paul Lafitte, Le suffrage universel et le régime parlementaire. Paris 1888, Ch. Benoist, La crise de l'état moderne, Paris (1896). Dupriez, Les ministres (vgl. oben S. 32, N., eines der trefflichsten Werke über vergleichendes Staatsrecht und Politik), II, p. 322 ff., d'Eichthal, Souveraineté du peuple et gouvernement, Paris 1895, p. 237 ff.

[3]) Dahin gehören die meisten der in den vorigen Noten zitierten Schriftsteller.

[4]) Scipio Sighele, La delinquenza settaria, Milano 1897, Appendice: Contro il parlamentarismo.

[5]) Vgl. namentlich Bonghi, La decadenza del regime parlamentare. Nuova Antologia II. serie XLV, 1884, p. 482, der seine Ausführungen

Nicht minder sind in Belgien, das solange als konstitutionelles Musterland galt, bedeutende Schäden des Staatswesens in neuerer Zeit hervorgetreten und von sachkundiger Seite der Niedergang des belgischen Parlamentarismus vornehmlich seit der Demokratisierung des Wahlrechts festgestellt worden[1], wie denn auch die parlamentarischen Institutionen der Niederlande seit deren Demokratisierung die herbste Kritik erfahren haben[2].

Es ist daher kein Wunder, wenn gegen Einführung des kontinentalen Parlamentarismus dort energische Proteste erhoben werden, wohin er noch nicht in vollem Umfang gedrungen ist. Das ist in Schweden der Fall, dessen Verfassung von den herkömmlichen Schablonen vermöge ihrer ganz eigenartigen Geschichte in vielen wichtigen Punkten abweicht, und es ist sehr interessant, zu sehen, wie Fahlbeck, die solange ungeahnten Schäden des modernen Parlamentarismus mit scharfem Auge erkennend, sein Vaterland vor ihm geschützt wissen will, ohne dafs indes seine Mahnungen irgendeinen praktischen Erfolg zu haben scheinen[3].

Neben dieser literarischen Kampfesbewegung gegen den Parlamentarismus geht aber, in ihren Resultaten noch viel wichtiger, eine andere einher, in den Völkern selbst. Da

---

über die Zukunft des Parlamentarismus mit dem pessimistischen Ausruf schliefst: Questi è un uomo che morrà, ferner der anonyme Aufsatz: Torniamo allo Statuto, N. Anl. LXXII, p. 9 ff. Kritische Ausführungen mit Literaturangaben bei P. Turiello, Governo ét governati, 2 ed., II, Bologna 1890, p. 166 ff. P. Chimienti, La vita politica e la pratica del regime parlamentare, Torino 1897.

1) Vgl. Dupriez, Le gouvernement parlementaire en Belgique im Bulletin de la société de législation comparée t. 29, Paris 1900, p. 604 f.

2) De Savornin-Lohmann (Niederländischer Exminister und Kammermitglied), Le gouvernement parlementaire dans les Pays-Bas. Bulletin (vgl. vorige Note), p. 578 ff. In Belgien wie in den Niederlanden entscheiden, ganz wie heute in England, die Wähler, nicht die Kammern über das Schicksal der Kabinette, wie Dupriez, p. 627 und Savornin-Lohmann p. 583 konstatieren.

3) Fahlbeck, La constitution suédoise et le parlementarisme moderne. Paris 1905.

ist es denn zuvörderst leicht begreiflich, dafs dort, wo breite Volksschichten infolge der Gestaltung des Wahlrechtes keinen oder doch keinen nennenswerten Einflufs auf das Parlament gewinnen können, dieses selbst der gröfsten Gleichgültigkeit in den Massen begegnet. Staaten beschränkten oder, was praktisch vielfach auf dasselbe hinausläuft, abgestuften Wahlrechtes können kein starkes Parlament besitzen, das stets seine Stütze im Volk haben mufs. In normalen Zeiten mag das ohne erhebliche politische Bedeutung sein. In irgendwelchen Konflikten aber zwischen Regierung und Parlament wird sich dessen Ohnmacht mit unausweichlicher Notwendigkeit offenbaren. In dem jüngsten Konflikt zwischen Krone und Parlament in Ungarn hat dieses nicht etwa aus eigener Kraft gesiegt. Hätte die Krone sich nicht freiwillig auf den Boden des geltenden Rechtes gestellt, so hätte schwerlich die Agitation der beteiligten Kreise einen siegreichen Widerstand des Volkes hervorgerufen, da vorläufig noch in Ungarn die Wahlberechtigten, die sich so gern der ganzen Nation gleichsetzen, nur einen verschwindenden Bruchteil der Bevölkerung ausmachen. Verstärkt wurde diese Gleichgültigkeit breiter Volksmassen gegen das Parlament noch durch andere Ursachen, von denen eine der wichtigsten sofort zu erörtern ist.

Ähnliche Erscheinungen zeigen sich nämlich bei Parlamenten, die auf der künstlichen Schöpfung starker Majoritäten ruhen, deren Macht zur steten Niederhaltung von Minderheitsgruppen gebraucht und mifsbraucht wird. Diese im Parlament majorisierten Gruppen haben natürlich ihre Basis in Bevölkerungsschichten, welche den Parlamenten gleichgültig oder gar feindlich gegenüberstehen. In diesen Parlamenten tritt die in neuester Zeit zu so grofser Bedeutung gelangte Erscheinung der Obstruktion hervor, die in ihrer extremen Ausbildung den Charakter eines revolutionären Verhaltens der Minderheiten annimmt, welches gegen das Parlament selbst gerichtet ist. Das kommt Obstruktionsparteien selten zum klaren Bewufstsein, dafs ihre Handlungsweise ihrem Wesen nach, wenn folgerichtig gegen jeden Mehrheitsentscheid durchgeführt, einen Krieg gegen die gesamte Repräsentativverfassung selbst bedeutet. Wo die Obstruktion längere Zeit geherrscht hat und nicht grundsätzlich niedergerungen werden konnte, da hat sie in diesen Staaten auch die Ohnmacht des Parlaments offenbart[1]). Da in jedem Staate unter allen Umständen und ununterbrochen eine Regierung vonnöten ist, so tritt bei steter Obstruktion die Regierung als der einzige das Staatsleben rechtlich bestimmende Faktor hervor. Mag aber die Rechtslage wie immer beschaffen sein, für die politische Beurteilung weisen Staaten mit langandauernder parlamentarischer Obstruktion die Züge des absoluten Staates auf, der eben politisch für diese Zeit ein Staat ohne tatsächlich fungierendes Parlament ist. In solchen Staaten sehen aber die grofsen Massen, dafs es auch ohne Parlament geht, die Untätigkeit und Unfähigkeit des Parlamentes entfremdet ihm die Sympathien des Volkes, in dem sehr leicht eine völlige Gleichgültigkeit gegen die volkstümlichen Institutionen eintreten, wenn nur die, überdies von der alten geschichtlichen Tradition getragenen Regierungen ihre Gewalten in einigermafsen zweckentsprechender Weise anzuwenden wissen. Namentlich die jüngste Geschichte Österreichs und Ungarns liefert schlagende Beispiele hierfür. In der öffentlichen Diskussion Österreichs ist seit der Obstruktion

---

[1]) Die umfassendste Untersuchung über die Obstruktion stammt von Henri Masson, De l'obstruction parlementaire, Montauban 1902. Ihr Wert liegt namentlich in der Zusammenstellung des Materials, wenn es auch, wie es im Charakter von Arbeiten über Zeitgeschichte liegt, nicht immer aus ganz zuverlässigen Quellen geschöpft ist, da der Verfasser sich häufig auf Zeitungsberichte angewiesen sah. Vgl. ferner Jellinek, Das Recht der Minoritäten, 1898, S. 35 ff., und derselbe, Die parlamentarische Obstruktion, „Neue freie Presse“ vom 26. Juli 1903 (englisch in der Political Science Quarterly XIX, 1904, p. 579 ff.); Brandenburg, Die parlamentarische Obstruktion, ihre Geschichte und Bedeutung, 1904; Radnitzky, Das Wesen der Obstruktionstaktik, Grünhuts Zeitschr. XXXI, S. 465 ff.; Gustav Schwarz, Zur Rechtslehre der Obstruktion, in Grünhuts Zeitschrift XXXIII, S. 33 ff.

mit dem Gedanken eines neuen Absolutismus gespielt worden[1]), als ob die Erinnerungen an die Schäden des absolutistischen Systems durch die neuesten Ereignisse ganz hinweggespült worden wären. In Ungarn ist die Gleichgültigkeit, mit welcher im Lande, entgegen den allgemeinen Erwartungen, die jüngste Auflösung des Reichstages entgegengenommen wurde, gewifs auch darauf zurückzuführen, dafs man sich allgemach an ein nicht funktionierendes Parlament gewöhnt hatte.

Doch ist in diesen Staaten noch überall auch das Streben nach einer Verbesserung der parlamentarischen Zustände vorhanden. Solange das System selbst nicht in voller Reinheit hervortreten kann, wird von vielen in dessen Herbeiführung das endliche Heil erblickt. Ausdehnung des Wahlrechtes, Einführung der Verhältniswahl oder auch eines organischen Wahlsystems, Ergänzung der auf die Kopfzahl aufgebauten Volksvertretung durch Rücksichtnahme auf die Berufschichtung, Durchführung einer streng parlamentarischen Regierungsweise usw. werden in manchen Staaten als erstrebenswerte Ziele betrachtet, die, einmal erreicht, zu einer durchaus erspriefslichen Gestaltung der staatlichen Zustände führen würden. In diesen Staaten herrscht daher vielfach die Empfindung, dafs nicht der Parlamentarismus schlechthin, sondern nur der unvollkommene, nicht ausgereifte Parlamentarismus jener Minderwertung seines Daseins und Wirkens ausgesetzt ist.

Anders aber ist es mit den Staaten bestellt, wo das Parlament bereits auf breiterer oder schmälerer demokratischer Basis aufgerichtet ist. Hier sind nicht mehr blofse Vertröstungen auf Verbesserungen des Systems möglich. Dessen Wirkungen zeigen sich dann, stets der Eigenart eines jeden Volkes angepafst, in definitiver Weise. Da kann es sich denn herausstellen, dafs ein solches Parlament nicht imstande ist, die Führung der Nation zu übernehmen. Kein grofses

---

[1]) Vgl. auch F. v. Wieser, Über Vergangenheit und Zukunft der österreichischen Verfassung, 1905, S. 2ff., Spiegel, Die Funktion der Notverordnung im Staatsleben. Sonder-Abdr. aus der „Deutschen Arbeit", Prag 1905, S. 31f.

Volk steht seiner Repräsentation so kühl gegenüber wie das deutsche Volk dem deutschen Reichstage, der zu den politisch schwächsten parlamentarischen Gebilden zählt. Das liegt aber keineswegs, wie wohl behauptet wird, an dem Mafse des ihm zugebilligten Rechts — mit noch viel geringerem haben kontinentale Parlamente die Herrschaft an sich zu ziehen gewufst — sondern in erster Linie in der Tatsache, dafs er, in mehr als ein Dutzend Parteien gespalten, nicht geeignet ist, irgendwie dem einheitlichen Willen der Nation Ausdruck zu geben[1]). Darum vermag er auch nicht, seinen Willen als einen gleichwertigen dem der Reichsregierung an die Seite zu stellen. Die deutsche staatsrechtliche Theorie, welche den Reichstag nicht an den Herrschaftsbefugnissen des Reiches teilnehmen läfst, sondern ihn nur als ein einschränkendes Element zu der mit aller Herrschermacht ausgerüsteten Regierung hinzutreten lassen will, sie entspricht den tatsächlichen politischen Verhältnissen durchaus. Und das würde auch mit Einführung der Verhältniswahl, mit einer billigeren Neueinteilung der Wahlkreise und anderen von verschiedenen Seiten geforderten Neuerungen nicht anders werden, da es in absehbarer Zeit ganz ausgeschlossen ist, dafs irgendeine Partei zum Siege gelangen könnte. Daher haben auch heute Forderungen, wie die nach parlamentarischen Reichsministerien, wenn sie überhaupt noch erhoben werden, einen rein doktrinären Charakter: einem durch unversöhnliche Gegensätze in dauernde Minoritäten gespaltenen Parlamente mufs eine aufserparlamentarische, zwar nicht parteilose, aber immerhin auf kein festes Parteiprogramm eingeschworene Regierung noch immer wünschenswerter erscheinen als eine auf faulen Kompromissen unnatürlicher und daher gebrech-

[1]) Die gröfste Zahl der Sitze, auf die es jemals eine politische Partei im deutschen Reichstag gebracht, entfiel 1874 auf die Nationalliberalen, 155 von 397 Sitzen, also noch nicht 40% der Gesamtheit. Jede Reichstagsmehrheit war daher auf Kompromissen oder auf Zufall beruhend. Bei den letzten Reichstagswahlen hatte die stärkste Partei, das Zentrum, es auf 25%, die nächstfolgende, die Sozialdemokraten, auf nicht ganz 20% der Sitze gebracht.

licher parlamentarischer Koalitionen beruhende. In keinem Lande der Welt würde eine parlamentarische Regierung eine so erbitterte Opposition finden wie im Deutschen Reiche, wo nur durch völlige Umbildung der Parteien und Verschmelzung der Fraktionen zu grofsen Gruppen eine Änderung angebahnt werden könnte.

Wie dem auch sein mag, so hat die Geschichte des Deutschen Reiches gelehrt, dafs auch ein durchaus demokratisches Parlament keineswegs mit Notwendigkeit das Schwergewicht des Staates in sich zu verlegen vermag. Tatsächlich steht im Deutschen Reiche die Regierung dem Reichstage viel unabhängiger gegenüber, als es in manchen Staaten mit einer auf beschränktem und abgestuftem Wahlrecht aufgebauten Abgeordnetenkammer der Fall ist.

In den Staaten jedoch, in welchen ein demokratisches oder doch auf dem Wege der Demokratisierung begriffenes Parlament vorhanden ist, das sich als herrschender Faktor in der Staatsordnung neben oder über der Regierung durchzusetzen weifs, da treten die dem parlamentarischen Wesen anhaftenden Mifsstände mit um so gröfserer Schärfe hervor, je mächtiger und einflufsreicher es sich im Staatsleben geltend macht. Da ist denn auf die Dauer nur eine zweifache Möglichkeit gegeben: entweder die fortwährende Unbeständigkeit der staatlichen Verhältnisse, wie sie der Vorherrschaft eines, ununterbrochenen Fluktuationen der Parteien ausgesetzten herrschenden Parlamentes entsprechen, oder Festigung der Regierung, ähnlich wie in Amerika und England, und damit Zurücktreten des Parlamentes von der tatsächlichen Vorherrschaft, die nunmehr an die auf die Wählermassen gestützte Regierung übergeht. In dieser Hinsicht bietet Frankreich das interessanteste Beispiel. Dort sind, wie in keinem anderen Lande, unter der dritten Republik die Kabinette einander in atemlosem Wechsel gefolgt, ohne dafs dieser Wechsel irgendwie notwendigerweise mit einem Wechsel der parlamentarischen Majoritäten zusammenhing, wie denn auch in sehr vielen Fällen Mitglieder der abgehenden Kabinette in die neuen hinübergenommen wurden [1]. Nun ist aber auch in Frankreich in der letzten Zeit eine Wendung eingetreten, indem die Lebensdauer der Kabinette eine gröfsere wird. Das ist aber nur, wie von französischer Seite selbst festgestellt wird, dadurch möglich, dafs die Parteien sich mehr disziplinieren und sich in gröfsere und festere Gruppen zusammenschliefsen [2]. Damit lenkt jedoch auch die französische Geschichte in die Bahnen ein, welche die angelsächsischen Staaten beschritten haben. Und auch in Frankreich zeigt sich wie anderswo die Erscheinung, dafs — nicht der Form, sondern der Sache nach — die parlamentarische Initiative hinter der der Regierung und anderer Mächte zurücktritt.

Soweit aber die Parlamente auf dem Kontinente ihre Macht noch behaupten, tritt eine starke Kritik an ihr praktisches Wirken heran, und zwar keineswegs etwa von einer ihnen grundsätzlich feindlich gesinnten Seite. Im Gegenteil, Männer, die völlig auf dem Boden der konstitutionellen Staatsordnung stehen, erkennen ihre Mängel und suchen nach Mitteln, sie zu beseitigen. Diese praktische Kritik ist um so energischer, je gröfser die tatsächliche Rolle des Parlamentes im einzelnen Staate ist. Es ist eine fast unübersehbare Literatur, die im Zusammenhange oder, was häufiger stattfindet, gelegentlich das Ungenügende, Unvollkommene, Zweck-

---

1) Vgl. die sehr lehrreiche Zusammenstellung der französischen Kabinette bei Muel, Gouvernement, Ministères et Constitutions. 4. ed. Paris 1893 und die hierzu 1895 und 1899 erschienenen Supplemente.

2) Einer der Hauptgründe der Unbeständigkeit der französischen Kabinette liegt in der Gestaltung des Auflösungsrechtes der Deputiertenkammer. Die Parlamentsauflösung ist in England die starke und oft gebrauchte Waffe des Kabinettes gegen ein unbotmäfsiges oder unpopuläres Unterhaus, ohne welche jenes einen grofsen Teil seiner Macht einbüfsen würde. In Frankreich ist zwar die Auflösung der Deputiertenkammer mit Zustimmung des Senates zulässig, jedoch wurde von dieser Befugnis ein einziges Mal, von Mac Mahon 1877 im Kampfe gegen die Stimmung des Landes, Gebrauch gemacht. Die Befugnis der Regierung zur Auflösung gehört daher nicht zu den lebendigen Institutionen des französischen Staatsrechtes.

widrige, Verwerfliche der konkreten parlamentarischen Institutionen aufweist, tadelt oder hinwegzuschaffen bestrebt ist[1]).

Es ist von der gröfsten Wichtigkeit, sich dieser umfassenden Kritik im Zusammenhang ihrer Argumente bewufst zu werden. Nur wenn man das ganze Schlachtfeld überblicken kann, ist es möglich, sich ein einigermafsen zutreffendes Urteil über den vermutlichen Ausgang des Kampfes zu bilden. Das wird zwar dadurch erschwert, dafs die Angriffspunkte, die der Parlamentarismus darbietet, nicht nur sehr mannigfaltig, sondern auch nach der Natur der einzelnen Staaten verschieden sind. Es sind, wie natürlich, in jedem einzelnen Staate ganz individuelle Kausalreihen, die zu der Schmälerung des Ansehens des Parlamentes führen. Doch lassen sich alle diese Ursachen in eine kleine Zahl bestimmter Gruppen einreihen.

Zunächst ist es verständlich, dafs die Kritik des Parlamentarismus nur um so stärker einsetzt, je mehr die Staatsordnung mit ihm verknüpft ist, je ausgebildeter er in den staatlichen Einrichtungen hervortritt, je länger seine Wirkungen sichtbar sind. Der Wert einer jeden politischen Institution wird aus ihrer Vergangenheit und der von ihr bewiesenen Leistungsfähigkeit erschlossen. Je länger und stärker eine staatliche Einrichtung geherrscht hat, desto mehr werden ihre Fehler klar, die unausweichlich allem Menschlichen anhaften. So wie der Absolutismus einmal, als er eine vorwärts dringende, den ständischen Partikularismus zur Einheit des modernen Staates umbildende Idee darstellte, von erleuchteten Geistern gefordert und gepriesen, von grofsen, den Fortschritt repräsentierenden Monarchen verwirklicht wurde, um sodann, als mit seinem Siege auch seine Schattenseiten hervortraten,

---

[1]) Vgl. die im vorhergehenden und nachfolgenden angeführten Werke und Abhandlungen von Wilson, Bryce, Low, Esmein, Laveleye, Mill, Benoist, Sighele, Dupriez, Ofner, Bonghi, Turiello, Chimienti, Ostrogorski, Lecky, Dicey, d'Eichthal, Falbeck, Lepetit, Combes de Lestrade, Prins, Savornin-Lohman, denen aus älterer und neuerer Zeit noch sehr viele Namen anzuschliefsen wären.

den schärfsten Widerstand der Völker hervorzurufen, wie der ökonomische Liberalismus zuerst ungeahnte wirtschaftliche Kräfte entfesselte, bald aber auch die furchtbaren Schäden der ungehemmten Konkurrenz erkennen liefs, wie Schwurgerichte als Palladium einer gerechten Rechtsprechung nach langen Kämpfen eingeführt wurden, um hierauf gerade unter diesem Gesichtspunkte bekämpft zu werden, so geht es auch mit den Parlamenten, die als Verwirklichung bestimmter politischer Ideen energisch erstrebt wurden, allein sobald sie ins Dasein traten, überall die Empfindung erweckten, dafs sie diesen Ideen nicht vollkommen entsprachen. Da wurde denn Versuch um Versuch gewagt, sie umzubilden, um endlich die richtige Form des Parlamentes zu finden. Ein fortwährendes hastendes Suchen nach der besten Form der Volksrepräsentation, nach Verbesserung der Schäden der bestehenden tritt ein, doch zeigt sich schliefslich, dafs dieses Streben niemals zu einem befriedigenden Resultate gelangen kann.

Vor allem ist es die Geschichte des modernen Repräsentationsgedankens, welche der Entwicklung der Parlamente ungünstig entgegentritt. Repräsentation ist eine juristische Vorstellung, keine politische. Kraft eines Rechtssatzes wird der Wille einer Minderheit als Wille der Gesamtheit betrachtet. In der politischen Realität aber liegt immer nur der Mehrheitswille der stimmenden Parlamentsmitglieder bei einem Parlamentsbeschlusse vor. Rousseau hatte ganz recht: man kann nicht für einen anderen wollen, so wenig, fügen wir hinzu, als man für ihn essen oder trinken kann. Nun ist die ganze Geschichte der modernen Parlamente von dem unablässigen Streben begleitet, die richtige Form der Repräsentation zu finden, durch welche der Volkswille in reinster und sicherster Weise zum Ausdruck gebracht werde. Zwei Richtungen dieses Strebens treten einander kämpfend gegenüber. Die eine betrachtet die zu repräsentierenden Menschen rechtlich als gleich-, die andere als verschiedenartig. Unter dem Einflufs der vorwärts dringenden demokratischen

Ideen vereinigen sich beide Richtungen zwar in dem einen Punkte, den Kreis der Personen, aus denen und durch welche die Repräsentanten zu gewinnen sind, immer weiter auszudehnen. Allein die eine gründet die Repräsentation auf die blofse Kopfzahl, die andere auf die Bedeutung, welche die verschiedenartigen Volksgruppen für das Volksganze und damit für den Staat haben. Es ist jedoch ein unlösbares Problem, sowohl die wesentlichen Volksgruppen selbst zu finden als auch jeder von ihnen den Wert zuzuerkennen, den sie tatsächlich für das Ganze besitzen. Alle dahin zielenden Lösungen der positiven Gesetzgebung sind willkürlich, die dadurch in Nachteil gesetzten Gruppen niemals befriedigend. Allein auch die andere Richtung, die in der Forderung und Durchführung des allgemeinen und gleichen Wahlrechtes zum Ausdruck kommt, verfehlt ihr Ziel. Denn jene nicht sicher erkennbaren und mefsbaren Unterschiede im Volksleben sind in verwirrender Fülle vorhanden, und sie finden sicherlich in einer blofs auf der Kopfzahl aufgebauten Repräsentation keine Vertretung. Zwar ist ein erfolgreicher Kampf noch innerhalb des Systems des gleichen Wahlrechtes zum Schutze der Minoritäten entstanden, der seinen bedeutsamsten Ausdruck in dem Vorwärtsdringen der Proportionalwahl findet, aber auch diese ist nicht imstande, allen berechtigten Volksinteressen zur Repräsentation zu verhelfen, weil bei Wahlen das Volk sich zumeist nur nach Parteigruppen gliedert, die Parteien aber keineswegs der gesamten Volksgliederung entsprechen. Das Problem des richtigen, gerechten Wahlsystems ist eben ein absolut unlösbares. Dazu kommt noch, dafs aus dem Wahlakt niemals mit Sicherheit erschlossen werden kann, was der Wähler politisch denkt und will. Wahl einer bestimmten Person kann aus den verschiedensten Motiven erfolgen und bedeutet als solche keineswegs Billigung eines bestimmten Programmes. Ferner müssen die Wahlen auf einen längeren Zeitraum erfolgen. Wenn er aber auch noch so kurz bemessen wird, so fehlt doch die Gewähr dafür, dafs in der Zwischenzeit die Stimmung der Wähler dieselbe geblieben ist und in den Handlungen der Repräsentanten ihren entsprechenden Ausdruck findet. Geht man daher den Dingen auf den Grund, so findet man, dafs keine politische Einrichtung so sehr auf Fiktionen und der Wirklichkeit nicht entsprechenden Idealtypen aufgebaut ist wie die Volksrepräsentation.

Kann aber durch Wahlen (und ebenso in untergeordneter Weise durch andersartige Bestellung) ein Volk niemals eine der Wirklichkeit entsprechende Darstellung seines gesamten Daseins durch irgendeine Repräsentation erhalten, so ist unausbleiblich stets eine Differenz zwischen jenem juristischen, durch die Repräsentation verfassungsmäfsig gebildeten Volkswillen und dem Willen der tausendfältigen Volksgruppen vorhanden, von denen eine sehr grofse Zahl nie zur Repräsentation nach irgendwelchem Wahlsystem gelangen kann. Daher gibt es keinen Staat, in welchem nicht das gerade herrschende System oft sehr tiefgehenden Anfeindungen unterliegt. Es gibt überall Volksgruppen, die in den vorhandenen Parlamenten eine tatsächliche Repräsentation des Volkes nicht erblicken, und namentlich sind es die Minoritäten, die solche prinzipiell ablehnende Kritik zu üben geneigt sind.

Die zweite Ursache des Kampfes gegen den Parlamentarismus liegt in der Gestaltung des politischen Parteiwesens beschlossen. Im Mutterlande des parlamentarischen Systems ist dieser aus dem Parteiwesen hervorgewachsen und mit ihm so innig verknüpft, dafs die Regierungsform des Staates ebensogut wie als parlamentarische direkt als Parteiregierung bezeichnet werden kann, und in analoger Weise ist auch das andere gewaltige angelsächsische Staatswesen jenseits des Ozeans auf Parteileben gestellt[1]). Dieses Parteiwesen, in

[1]) Die eingehendste und gründlichste Darstellung des angloamerikanischen Parteiwesens verdanken wir einem Russen, Ostrogorski, La démocratie et l'organisation des partis politiques I, II, Paris 1903 (auch ins Englische übersetzt). Auf Grund der äufserst pessimistischen Ergebnisse seiner Untersuchungen kommt Ostrogorski zu Vorschlägen, die eine Beseitigung des herrschenden Parteiwesens und Aufbau des Parlamentarismus auf anderer Basis bezwecken.

seiner typischen Ausgestaltung auf zwei grofse, abwechselnd die Herrschaft besitzende Gruppen beschränkt, kann sich nur durch eine sehr komplizierte soziale Organisation aufrechterhalten, welche den Parteiführern eine widerstandslose Masse zuströmen läfst. Mifsbräuche aller Art sind es, welche die Parteileitungen zu den wahren Herren des Landes machen, die Stimmung der Massen fälschen, unterdrücken oder ersticken. An Stelle der Demokratie tritt in diesen Staaten in Wahrheit eine Parteioligarchie, die rücksichtslos alles niedertritt, was sich ihr in den Weg stellt. In den anderen Staaten jedoch mit ihrer gröfseren — oft sehr grofsen — Parteizersplitterung zeigen sich womöglich noch bedeutendere Schäden des Parteiwesens als da, wo bei der geringen Zahl von Parteien eine jede bestrebt ist, sich regierungsfähig zu erhalten[1]). Hier tritt das Parteiinteresse oft in ganz unverhüllter Weise an Stelle des Gesamtinteresses, die Parteien verfolgen im parlamentarischen Kampfe ihre kleinlichen, augenblicklichen Ziele, sie feilschen und schachern mit der Regierung, um irgendwelche Konzessionen zu erlangen. Die Regierungen werden dadurch, mögen sie wollen oder nicht, auf die schiefe Bahn einer ungesunden, partikulare Parteiinteressen in übermäfsiger Weise bevorzugenden Politik der falschen Kompromisse gedrängt. Solche Erfahrungen wenden weite Kreise des Volkes von den Parlamenten ab und erklären es, dafs in manchen Staaten eine früher nicht geahnte Gleichgültigkeit gegen das politische Wirken der Volksvertretungen sich geltend macht.

Eine dritte Gedankenreihe wendet sich gegen die Unfähigkeit der Parlamente, die ihnen bestimmten Aufgaben zu

[1]) Die Schäden des Parteiwesens sind es, die einem auf dem Boden demokratischer Staatsordnung stehenden Franzosen wie d'Eichthal zu der Feststellung Anlafs gegeben haben: — „partout le régime parlementaire marche défectueusement; tous les peuples, sans le supprimer cependant, s'en plaignent", a. a. O. p. 227. Von belgischer Seite ist das herrschende Parteiwesen als Schattenseite des parlamentarischen Systems neuestens wieder gezeichnet worden von Prins, De l'Esprit du Gouvernement Démocratique, Bruxelles-Leipzig 1905, p. 163, der sich mit vielen der Täuschung hingibt, durch ein organisches Wahlrecht die Wunden der Demokratie heilen zu können.

erfüllen. Parlamentarische Gesetzgebung ist von Übel: sie ist parteimäfsig leichtfertig, unzusammenhängend, verdirbt gute legislatorische Gedanken durch schlechte Formulierungen und unpassende Zusätze, ist von tausend Zufälligkeiten persönlicher Natur abhängig. Die Wahlen erfolgen nicht nach den fachmännischen Eigenschaften der Kandidaten, und es ist oft der reine Zufall, wenn Sachverständige in genügender Zahl in den Parlamenten sitzen, die in zweckmäfsiger Weise an der so verwickelten, so viele besondere Kenntnisse voraussetzenden gesetzgeberischen Arbeit teilzunehmen vermögen[1]). Zudem sind diese Klagen am lautesten in England gehört worden, und dort hat vor einem halben Jahrhundert bereits ein Apostel der Repräsentativverfassung erstaunliche Vorschläge zur Abwehr gemacht. Kein Geringerer als J. St. Mill will den Parlamenten das Recht der Gesetzgebung entziehen. Dieses müsse vielmehr einem kleinen, nicht die Mitgliederzahl eines Ministerkabinettes übersteigenden Gesetzgebungsausschufs zustehen, der von der Krone auf fünf Jahre zu ernennen wäre. Dessen Beschlüsse könne das Parlament entweder annehmen oder verwerfen oder an die Kommission zur Wiedererwägung und Besserung zurücksenden. Auch könne das Parlament die Vorlage eines bestimmten Gesetzes verlangen und der Ausschufs solches Verlangen nicht ablehnen[2]). Ähnliche Gedanken sind in Anlehnung an Mill vor kurzem in Frankreich von Benoist geäufsert worden, der die Gesetzgebung einem aufserhalb des parlamentarischen Treibens stehenden, den verdientesten Männern der Nation entnommenen Staatsrat zuweisen und den Kammern nur die Diskussion und Sanktion, ferner auch die Initiative in der Form vorbehalten will, dafs sie vom Staatsrate die Ausarbeitung von Gesetzen fordern können[3]). Die

---

[1]) Vgl. auch Ofner, Die Gefahr des Parlamentarismus für das Recht im Arch. f. öff. Recht, XVIII, 1903, S. 236 ff.

[2]) Vgl. J. St. Mill, Betrachtungen über Repräsentativverfassung, übersetzt von Wille, S. 63 ff.

[3]) Ch. Benoist in seinem vielbesprochenen Buche: La crise de l'état moderne, p. 300 ff.

Franzosen könnten allerdings auf ihre Konsulatsverfassung als auf ein wenig nachahmenswertes Vorbild einer solchen Verbesserung der konstitutionellen Staatsordnung zurückblicken.

Die wichtigste Aufgabe, welche den Parlamenten neben der Teilnahme an der Gesetzgebung zufällt, ist die stete Kontrolle der Regierung auf Gesetzlichkeit und Zweckmäfsigkeit ihrer Handlungen. Dieser Aufgabe werden aber die Parlamente entweder gar nicht oder in höchst unvollkommener Weise gerecht. Wie wenig praktische Bedeutung die parlamentarische Befugnis zur Ministeranklage hat, ist bereits oben erwähnt worden. Aber auch die wirksame Waffe der politischen Verantwortlichkeit wird von den Parlamenten keineswegs in zweckentsprechender Weise gehandhabt. Kritik von seiten eines nicht herrschenden Parlamentes, namentlich wenn es in sich uneinig ist, hat keine bedeutende Wirkung, und bei herrschenden Parlamenten zeigt gerade die Art der Handhabung der Kontrollbefugnisse die Übelstände des Parlamentarismus in deutlicher Weise. Ministerien, die sich auf eine feste, in sich geschlossene Kammermehrheit stützen, dürfen, so lange sie diese besitzen, von ihr unangefochten alles wagen [1]). Kabinette werden vielmehr durch die Opposition, die keine Entscheidungsgewalt besitzt, als durch ihre Anhänger, vor Ausschreitungen bewahrt. Die Mehrheit aber, anstatt Mifsbräuchen zu steuern, begünstigt diese oft, sei es im Interesse der Abgeordneten selbst, die häufig den Charakter oligarchischer Machthaber annehmen, sei es im partikularen und örtlichen Interesse ihrer Wähler, die ihren persönlichen Vorteil auf Kosten des allgemeinen Besten suchen. Ein System parlamentarischer Patronage tritt der selbstverständlichen Forderung unparteiischer Versorgung öffentlicher Interessen entgegen, die Abgeordneten suchen sich mit Erfolg in die staatliche Verwaltung einzumengen, die derart zu einem Gegenstand der Ausbeutung herabsinkt. Es entwickelt sich auf

[1]) Sehr treffend bemerkt Ostrogorski II, 673: „La responsabilité qui est censée régir les rapports parlementaires n'aboutit qu'à l'irresponsabilité générale".

5*

diese Weise eine Art von konstitutionellem Handelsrecht, dessen Geschäfte hinter den offiziellen Verhandlungen geführt werden.

Tiefgehend namentlich aber sind in neuester Zeit die Klagen, welche sich gegen den Anteil des Parlaments an der Finanzverwaltung wenden. Eine der wichtigsten Ideen, welche die Entstehung, Fortbildung, Einführung der Parlamente begleitet haben, war die, welche in der Volksvertretung Schutz des Volkes gegen übermäfsige und ungerechte Besteuerung sah. Das Budgetrecht der Kammern sollte das wirksamste Gegengewicht gegen unehrliche und verschwenderische Regierungen sein. Nun hat aber die Erfahrung gelehrt, dafs Parlamente oft in viel leichtfertigerer Weise mit dem Volkseinkommen zu wirtschaften geneigt sind als verantwortliche Regierungen, indem sie aus demagogischen Gründen Bewilligungen vornehmen, die später notgedrungen zu einer Erhöhung der Einnahmen und damit einer gröfseren Belastung des Volkes führen. In manchen Staaten ist die parlamentarische Kontrolle des Staatshaushalts fast zu einer Komödie herabgesunken, und lebhafte Klagen in dieser Hinsicht dringen in Staaten wie England und Frankreich an die Öffentlichkeit[1]).

Fassen wir nunmehr aber die gesamte Entwicklung der parlamentarischen Institutionen zusammen, so ergibt sich, dafs ihr Ansehen und ihre Stärke überall im Sinken begriffen ist. Wenn die konstitutionelle Theorie die Exekutive zuerst als gleichwertig neben die Legislative stellt, um diese später als die schlechthin herrschende Macht im Staate zu verkünden, so zeigt sich dem staunenden Blicke des objektiven Historikers, dafs die konstitutionelle Entwicklung von einer fortschreitenden Stärkung der Regierungsgewalt begleitet ist. Hatte man einst von dem konstitutionellen System in den leitenden Kreisen der Staaten eine dauernde Schwächung der Exekutive gefürchtet, so sind diese Befürchtungen durch die äufsere und innere Geschichte der modernen Staaten gründlich enttäuscht worden. Das zeigt sich sowohl in Staaten mit aufserparlamentarischen als mit parlamentarischen Regierungen. Die

[1]) Vgl. Low, p. 89, d'Eichthal, p. 241.

erste Gattung von Staaten sind solche mit einem von Haus aus schwachen Parlament, das zwar in manchen Fällen Einflufs auf die Regierung haben kann, ohne jedoch deren Richtung zu bestimmen. In parlamentarisch regierten Staaten aber, selbst wenn die Macht des Parlamentes nicht so völlig von dem Kabinett aufgesogen ist wie in England, können zwar die zeitlichen Grenzen der Kabinette vom Parlament eng gezogen werden, solange jene aber die Macht besitzen, wird sie von ihnen in einer Weise gehandhabt, die von tatkräftiger parlamentarischer Kontrolle, wie das im Wesen einer durch eine Kammermajorität gehaltenen Regierung liegt, wenig zu fürchten hat. Nicht durch Gebrauch, sondern durch Mifsbrauch der Macht gewinnen die einzelnen Kammermitglieder als solche in einzelnen Angelegenheiten Einflufs auf die Regierung. Aber selbst die weitverbreitete Erscheinung der parlamentarischen Korruption ist nicht ein Zeichen für die Macht des Parlamentes, sondern für die der Regierung.

Es ist daher ganz richtig, wenn gesagt wurde, dafs ein moderner französischer Ministerpräsident mächtiger sei als einst Ludwig XIV., der bei der noch nicht völlig durchgeführten Zentralisation Frankreichs zur Zeit des ancien régime seinen Willen keineswegs überall gegen Widerstrebende durchzusetzen vermochte. Und ebenso wird die merkwürdige Erscheinung verständlich, dafs trotz oder vielleicht vermöge der fortschreitenden Demokratisierung die persönliche Stellung monarchischer und republikanischer Staatshäupter in der Gegenwart im Aufwärtssteigen begriffen ist. Auf die grofsen geschichtlichen Leistungen der Monarchie für die Einigung und politische Stellung Deutschlands ist es in erster Linie zurückzuführen, dafs sie nach dem Mifstrauen, mit der ihr ein grofser Teil der Nation um die Mitte des vorigen Jahrhunderts entgegentrat, eine wunderbare Festigung im Reich und im Einzelstaate erfahren hat. Allein eine ähnliche Erscheinung zeigt sich auch anderswo. Nicht ohne ein gewisses Mifsbehagen wird von englischer Seite heute konstatiert, dafs das Königtum Eduards VII. einen ganz anderen Charakter trägt als das der Königin Viktoria, trotzdem der rückwärtsschauende Historiker feststellen mufs, dafs schon unter der Regierung dieser gemeiniglich als so schwach geltenden Frau die Krone an Ansehen gegenüber den Zeiten Georgs IV. und Wilhelms IV. bedeutend gewonnen hatte. Wie Low mit feinem Verständnis hervorhebt, trägt der konstitutionelle englische Monarch der trivialen politischen Doktrin die milden Züge einer Königin, und um ihn aufrecht zu erhalten, meint er, müsse das salische Gesetz in sein Gegenteil verkehrt werden, um die Männer vom englischen Throne auszuschliefsen[1]. Die auswärtige Politik des britischen Reiches empfängt heute ihre Impulse von der Krone, und die persönliche Stellung des Königs in inneren Angelegenheiten wird von der englischen Tagespresse oft erstaunlich hoch geschätzt. Seit Wilhelm III. hat England keinen Monarchen gehabt, der sich solchen Ansehens erfreut hätte, und von dem grofsen Oranier unterscheidet er sich überdies dadurch, dafs er und sein Volk sich in ihren nationalen Gesinnungen und Gefühlen eins wissen.

Noch merkwürdiger womöglich für die Beurteilung menschlicher Voraussicht bei Schaffung politischer Institutionen ist der Wandel in der persönlichen Stellung des Präsidenten der Vereinigten Staaten. Es ist von grofsem Interesse, heute wieder einmal die Worte nachzulesen, mit denen Hamilton im Federalist die eben geschaffene Präsidentschaft mit dem englischen Königtum vergleicht[2]. Wie gering wird da die Macht der republikanischen im Vergleich mit der der monarchischen Staatshäupter veranschlagt! Dafs sie in Wahrheit eine Institution schufen, die ungleich mehr wirkliche Herrschaftsbefugnisse in sich schliefst, als die nur formell dem König zustehende Prärogative, das blieb den Vätern der Verfassung durchaus verborgen. Und diese Präsidentschaft hat sich in jüngster Zeit derart entwickelt, dafs Theodor Roosevelt eine persönliche Autorität übt, wie man sie bisher bei einem republikanischen Staatshaupt kaum für möglich gehalten hätte.

---

[1] A. a. O. p. 268.

[2] Vgl. Hamilton im Federalist, Nr. 69, ed. by P. L. Ford, New York 1898, p. 465 f.

VIII.

Die Erkenntnis der Wandlung der politischen Bedeutung einer staatlichen Institution braucht zunächst gar keine praktische Bedeutung zu haben. Kritik bedeutet noch lange nicht Verbesserung. Auf die Schäden des Parlamentarismus ist, wie gezeigt, sehr oft hingewiesen und das Sinken des Parlamentarismus sehr oft verkündigt worden. Eine Ersetzung der Parlamente aber durch andere bessere Einrichtungen ist noch von keiner ernstlich zu beachtenden Seite vorgeschlagen worden [1]). Selbst die unvollkommensten Institutionen können lange Zeiträume hindurch unangefochten in Tätigkeit sein, wenn niemand Besseres an ihre Stelle zu setzen vermag.

Es ist auch für die absehbare Zukunft ganz ausgeschlossen, dafs irgendwo die Parlamente formell ganz abgeschafft werden. Selbst eine noch so weit fortschreitende politische Wertminderung der Parlamente könnte niemals wieder die alten absolutistischen Mächte der Vergangenheit zu neuem Leben erwecken. So wenig die Heere der Zukunft wieder mit Pfeil und Bogen statt mit modernen Maschinengewehren kämpfen werden, so wenig wird der unbeschränkte Alleinherrscher der vergangenen Jahrhunderte wieder auferstehen. Es ist auch weder die Frage der Verbesserung noch die der Ersetzung der parlamentarischen Einrichtungen, die im folgenden erörtert werden soll. Nicht auf das, was sein soll, sondern auf das, was sich tatsächlich aus dem Schofse der Geschichte losringt, soll in aller Kürze hingewiesen werden.

---

[1]) Interessant in dieser Hinsicht ist die Denkschrift, die 1900 dem Kongrefs für vergleichende Rechtswissenschaft zu Paris vom Vicomte Combes de Lestrade vorgelegt wurde (abgedruckt im Bulletin de la société de lég. comp. t. 31, p. 586), der vier Entwicklungsstufen der parlamentarischen Institutionen feststellen will. Die letzte, die direkte Volksherrschaft unter parlamentarischen Formen, bedeutet nach ihm die reine Anarchie: „ce mode de gouvernement est l'absence de gouvernement" (p. 602). Eine Besserung hofft er durch eine rückläufige Bewegung, die wieder zum Klassen- und Ständestaat führt!

Die Entwicklung der Verfassungen bietet uns die grofse, noch immer nicht genug in ihrer gewaltigen Bedeutung gewürdigte Lehre, dafs Rechtssätze unvermögend sind, staatliche Machtverteilung tatsächlich zu beherrschen. Die realen politischen Kräfte bewegen sich nach ihren eigenen Gesetzen, die von allen juristischen Formen unabhängig wirken. Daher können Parlamente die ihnen staatsrechtlich zugewiesenen Funktionen ununterbrochen weiter vollziehen, wenn sie selbst auch nicht mehr die treibenden Kräfte eines Staates in sich bergen. Wenn in England die Machtüberwälzung von Parlament auf Kabinett auch noch so weit geht, formell wird in der Zukunft wie in der Vergangenheit ohne Parlament die Rechtsordnung des Reiches nicht geändert werden können.

Die Frage jedoch, die hier zu erheben ist, lautet dahin, ob nicht Mächte entstehen oder bereits vorhanden sind, die, wenn auch vielleicht ihnen vorderhand nicht klar bewufst, wie dies so häufig im Laufe der Geschichte eintritt, die tatsächliche Macht, welche die Rechtsordnung den bestehenden Institutionen zuweist, an sich zu ziehen bestrebt sind.

Um diese Frage zu beantworten, müssen wir hinter die Parlamente blicken. Da sehen wir eine gewaltige Macht immer höher emporsteigen.

Erinnern wir uns, dafs Parlamente ihrem Ursprunge nach aristokratische Institutionen sind. Vom England des 18. Jahrhunderts ist der konstitutionelle Staatsgedanke ausgegangen, und trotz aller Wandlungen kann das englische Musterparlament bekanntlich bis auf den heutigen Tag seinen aristokratischen Ursprung nicht verleugnen. Dieser aristokratische Charakter zeigt sich aber auch bei den kontinentalen Parlamenten, nicht nur etwa bei Oberhäusern, denen er bewufst zugrunde gelegt ist. Es ist eine nicht zu verkennende geschichtliche Tatsache, dafs die kontinentalen Volkskammern ihre glänzendsten Tage zu der Zeit hatten, als sie aus beschränktem Wahlrecht hervorgingen oder als sie bei noch nicht weit genug vorgeschrittener Demokratisierung der Gesellschaft freiwillig die Führung durch soziale Stellung oder hervorragende individuelle Eigenschaften Ausgezeichneten überliefsen, wie es etwa mit der Paulskirche der Fall war. Fortschreitende Demokratisierung der Gesellschaft hat aber überall ein Sinken des Niveaus der Parlamente zur Folge gehabt, worüber ebenfalls fast überall laute Klagen geführt werden. Zudem hatten früher überall und haben in manchen Staaten auch heute noch die Parlamente, wenn wir von ihrer rechtlichen Seite absehen und nur auf ihr politisches Wesen blicken, wie es sich den Empfindungen der Massen darstellt, den Charakter bevorrechteter Versammlungen, denen die grofse Menge als politisch Rechtlose gegenüberstand und steht. Und selbst wo der Kreis der mit politischen Rechten Ausgestatteten ein weiter ist, da können diese nur in langen Zeiträumen auf dem Wege der Wahlen einmal ihren Willen äufsern. Dieser auf Rousseau zurückführenden Auffassung des Parlamentes hat die herrschende deutsche staatsrechtliche Theorie Ausdruck gegeben, indem sie den Willen des Parlaments von dem der Wähler gänzlich loslöst[1]) und erklärt, im Rechtssinne gebe es aufser dem Willen des Parlaments keinen Volkswillen.

Nun aber hat sich in der neuesten Zeit dieses juristisch willensunfähige Volk in ungeahnter Weise entwickelt, und zwar um so reicher, je länger freie Institutionen dies in einem Staate begünstigt haben. In der Zeit konstitutioneller Anfänge hat in Deutschland R. v. Mohl die Lehre aufgestellt, das Parlament sei der Verteidiger der Volksrechte. Heute aber zeigen sich bereits ganz andere soziale Mächte, die diese Verteidigung in nachdrücklichster Weise zu übernehmen und diese Rechte zu verwerten verstehen. Die Zeiten, in denen die parlamentarische Tribüne der einzige Ort war, um wirksamen Einflufs auf die Regierungen zu nehmen, sind längst vorbei. Die Entwicklung der Presse ist in den letzten Dezennien eine so ungeheure geworden, dafs ihre energische Rüge öffentlicher Mifsstände oft viel stärkere Erfolge hat als parlamentarische

[1]) Vgl. dazu meine Ausführungen, Allg. Staatslehre S. 567 ff.

Kritik, ja dafs sie unter Umständen den Lauf der Gesetzgebung wirksamer zu bestimmen vermag als herrschende parlamentarische Parteien. Deutlich erkennbar, wenn auch selbstverständlich in keine wie immer geordneten rechtlichen Formen gegossen, hat sich eine neue Art der Verantwortlichkeit der Regierungen herausgebildet, die vor dem Volke, dessen vielstimmige Meinung durch die Presse zum Ausdruck gelangt. Die Prefsbureaus der Regierungen, das Dasein einer offiziösen Presse sind Erscheinungen, die unwiderleglich beweisen, dafs es heute bereits eine direkte Diskussion zwischen Regierung und Volk gibt. Unabhängig von aller staatsrechtlichen und politischen Verantwortlichkeit, die vom Parlamente zu handhaben ist, hat sich die soziale Verantwortlichkeit der Regierungen entwickelt, der die Zukunft gehört. Hat die politische Ministerverantwortlichkeit die staatsrechtliche zurückgedrängt und ist jene vermöge ihrer parteimäfsigen Handhabung oft wenig wirksam, so ist die soziale Verantwortlichkeit dazu bestimmt, in einer stärkeren Weise die Gewähr pflichtmäfsigen und einsichtsvollen Handelns der Regierungen zu übernehmen.

Sodann aber, was nicht stark genug betont werden kann, entfaltet sich überall eine, von keinem Zentrum aus einheitlich geleitete, in diesem Sinne also naturwüchsig zu nennende Organisation des Volkes in immer reicherem Mafse. Vereine und Versammlungen aller Art, Unternehmer- und Arbeiterverbände, Interessenvertretungen mannigfaltigster Form, teils von den Interessenten selbst, teils vom Staate gebildet und beaufsichtigt, setzen an Stelle der atomisierten Volksmasse eine überreiche, schon heute kaum übersehbare Gliederung, die in raschem Vorwärtsschreiten begriffen ist. Diese Gliederung, der man vergeblich durch parlamentarische Wahlrechte Ausdruck zu geben versucht, mufs mit unentrinnbarer historischer Notwendigkeit ihre Wirkung auf die Gestaltung der staatlichen Verhältnisse haben, und das zeigt sich in der Gegenwart bereits dem geschärften Auge des vorurteilslosen Beobachters. Wir sehen heute bereits, dafs Parteiorganisationen aufserhalb des Parlamentes, die in dieses vielleicht kaum oder gar nicht hineinreichen — man denke nur an die Arbeiterparteien in Staaten beschränkten Wahlrechtes — ihren Einflufs auf die Leitung der Staaten über die Häupter des Parlamentes hinweg äufsern. Es gibt heute bereits eine noch nicht zum rechtlichen Dasein gediehene, aber unleugbar faktisch vorhandene Volksinitiative.

Grofse und wichtige Reformen in den heutigen Staaten gehen von den Regierungen aus, die durch unmittelbare Betrachtung und Kenntnis der Volksbedürfnisse dazu angeregt werden, ohne dafs parlamentarische Initiative in irgendeiner Form hervortreten würde. Ja sogar gegen ihren Willen können Parlamente von den Regierungen auf die Bahn tiefgehender Umgestaltungen des Staatslebens geführt werden, indem diese die Volkswünsche den partikularen Interessen jener entgegenstellen. So sind die grofsen Verfassungsreformen, die in Österreich und Ungarn gegenwärtig geplant werden, dem Anstofs von Mächten entsprungen, die bisher gröfstenteils hinter den Parlamenten standen. Zudem wirken manche Parteien heute schon nicht nach Mafsgabe ihrer Kopfzahl im Parlamente, sondern nach der Stärke der Interessen oder der Massen, die hinter ihnen stehen. Man würde die, sei es positive, sei es negative Bedeutung, welche die deutschen Regierungen der Sozialdemokratie für die gesamte Richtung der inneren Politik zumessen, sehr unterschätzen, wenn man glaubte, dafs sie blofs durch die Zahl der Mandate, die dieser Partei im Reichstage und den Landtagen zufallen, bedingt sei, und die heute noch so kleinen Gruppen der jungen englischen Arbeiterpartei haben in kurzer Zeit bereits, allen parlamentarischen Traditionen entgegen, mehrfache Siege im Unterhause zu verzeichnen.

Wir haben es gesehen: jedes Wahlsystem, jede Zusammensetzung der Kammern hat notwendigerweise etwas Ausgeklügeltes, Künstliches, Fiktives an sich, und es gibt keine parlamentarische Einrichtung, die jeder tieferdringenden Kritik standhalten könnte. In jedem Parlamente, haben wir ferner hervorgehoben, sind Übelstände mannigfacher Art zu verzeichnen: Zurücksetzung kleiner Minoritäten oder gar der Individuen, faule Kompromisse unter den Parteien oder Schacher mit der Regierung, oder auch strengste Parteidisziplin in herrschenden Parlamenten, welche die Selbständigkeit des Individuums unterjocht. Das alles gilt aber für das Volk selbst nach keiner Richtung. Da kann jede Minorität sich ungehindert auch gegenüber den mächtigsten sozialen Organisationen betätigen, und selbst das isolierte Individuum kann seine Stimme werbend ertönen lassen. Unter den Volksgruppen gibt es keine Kompromisse, kein Handeln und Feilschen untereinander und mit den Regierungen, da gibt es keine Obstruktion und kann es keine geben. Da gibt es ferner keine gesetzlichen Bedingungen und Schranken für die Teilnahme an der Volksgemeinde. Das allgemeine Stimmrecht in diesem Sinne, als Recht an den vorderhand staatsrechtlich unorganisierten politischen Äufserungen der Volksgesamtheit teilzunehmen, das braucht nicht eingeführt zu werden, es ist da, ohne dafs es von jemand geschaffen wurde, und keine Macht der Welt ist imstande, es zu beschränken.

In Staaten mit fortgeschrittener Demokratisierung der Gesellschaft sind bereits Institutionen zu verfassungsrechtlicher Anerkennung gekommen, die eine unmittelbare Teilnahme des Volkes an der Staatsgewalt und daher eine Beschränkung der parlamentarischen Macht in sich schliefsen. Von gröfster Bedeutung ist namentlich das Referendum, wie es sich am reichsten in der Schweiz und unabhängig davon in Amerika herausgebildet hat. Seine einzelnen Formen näher zu erörtern ist hier nicht der Ort. Diese Volksabstimmungen über Gesetze dienen ihrer politischen Seite nach wesentlich der Kontrolle über die Gesetzgebung, indem sie unpopuläre legislatorische Mafsregeln verhindern. Sie bedeuten daher ein retardierendes Moment im Gesetzgebungsprozefs, sie sind als eine der Aufrechterhaltung der gegebenen Rechtsordnung dienende Einrichtung konservativer Art, und es ist daher verwunderlich, dafs sie von einer so radikalen

Partei, wie die deutsche Sozialdemokratie, in ihr Programm aufgenommen wurden. In großen Staaten schwer als regelmäßige Institution einzuführen, ist die Volksabstimmung doch auch in solchen für die Bestätigung wichtiger Verfassungsänderungen gefordert worden. So hat sie auch in England ihre Anhänger unter hervorragenden Männern gefunden, namentlich zu der Zeit, als Gladstone für die politische Selbständigkeit Irlands eintrat[1]). Im Verbande des britischen Reiches hat sie in jüngster Zeit in Australien Eingang erlangt, indem dort Verfassungsänderungen, ähnlich wie in der Schweiz und den amerikanischen Einzelstaaten, der Bestätigung durch die Wähler selbst bedürfen[2]). In Belgien hatte die Regierung 1891 und 1892 versucht, dem König das Recht der direkten Befragung der Wähler, sei es vor Einbringung eines Gesetzes, sei es vor dessen Sanktion, beizulegen[3]). In Norwegen ist die Trennung von Schweden und die Einsetzung der neuen Dynastie durch Volksabstimmungen sanktioniert worden, welche in der norwegischen Verfassung überhaupt nicht vorgesehen waren.

Eine andere Form verfassungsmäßiger Teilnahme des Volkes an der Staatsgewalt ist die Volksinitiative, wie sie bisher ausschließlich in der Schweiz besteht, derzufolge die gesetzgebenden Faktoren auf ein in den vorgeschriebenen Formen gestelltes Volksbegehren eintreten müssen und dem Volke selbst wiederum der letzte Entscheid vorbehalten ist. Ferner besteht in Amerika in den Einzelstaaten (in der Union zulässig, aber bisher nicht angewandt) die interessante Einrichtung der Konventionen, d. h. von einkammerigen Parlamenten, die nur zum Zweck der Verfassungsrevision gewählt werden, also einen begrenzten Wirkungskreis mit einer Art

---

[1]) Für das Referendum sind in England eingetreten unter anderen Dicey, Ought the Referendum to be introduced into England? Contemporary Review LVII, London 1890, p. 489 ff., und mit Einschränkungen Lecky, I, p. 287 ff.

[2]) Vgl. über die ziemlich verwickelten Bestimmungen Commonwealth of Australia Act., Art. 128.

[3]) Vgl. Beltjens, a. a. O. p. 50, 335 f., 402.

imperativen Mandats besitzen. Sie bedeuten zugleich eine Einschränkung der normalen Legislaturen und sind von dem Parteitreiben viel unabhängiger als jene [1]).

Ohne ausgesprochen rechtlichen Charakter, dem Gebiete der Verfassungswandlung, nicht dem der Verfassungsänderung angehörend sind die Volksentscheide, die auf dem Wege der parlamentarischen Wahlen getroffen werden. Diese Wahlen enthalten in demokratischen Staaten zugleich ein Urteil über die Regierung und eine Anweisung an die Regierung. In England setzt das Volk auf diesem Wege einen Premierminister ein oder nötigt ihn, seine Entlassung zu nehmen, und ähnliches ist noch in anderen Staaten wahrnehmbar. Aber auch den bestehenden Regierungen wird durch den Ausfall der Wahlen die Richtung ihrer Politik vorgezeichnet.

Ist nun derart durch den Buchstaben oder die Praxis der Verfassungen der aufserparlamentarische Volkswille in vielen Staaten bereits ein anerkannter Faktor des Staatslebens geworden, so bleibt es natürlich den ungewissen Mächten der Zukunft vorbehalten, ob und wie derartige Institutionen sich räumlich weiter ausbreiten und fortentwickeln können. Wir können hier nur mit gröfseren und geringeren Wahrscheinlichkeiten rechnen. Und da ergibt sich, wie mir scheint, unabhängig von allen Wünschen und planmäfsigen Berechnungen folgender Ausblick in kommende Zeiten.

Es wurde oben darauf hingewiesen, dafs die moderne Gesellschaft in einem Prozesse fortschreitender Selbstorganisation begriffen sei. Die tausendfältigen menschlichen Interessen, die man vergeblich in der Zusammensetzung eines Parlamentes zum Ausdruck bringen will, fassen die einzelnen immer mehr zu einander mannigfaltig durchkreuzenden Gruppen zusammen. Das Recht der Verbandsschöpfung, das in erster Linie ein Ausflufs der individuellen Freiheitssphäre ist, aber auch in sozialem Interesse von den öffentlichen Gewalten ge-

---

1) Vgl. Jameson, A Treatise on Const. Conventions, 4th ed. Chicago 1887, § 479, Bryce I, p. 667.

übt wird, ist das gewaltigste Mittel zur Gliederung der anfänglich scheinbar der dauernden Atomisierung verfallenen staatsbürgerlichen Gesellschaft geworden. In diesen Verbänden kann der Repräsentationsgedanke zu viel richtigerem Ausdrucke kommen als in den bestehenden Zentralparlamenten, weil die Verbandsorgane nur beschränkteren Interessen der Verbandsmitglieder zu dienen bestimmt sind, im Gegensatze zu der undurchführbaren Idee einer Darstellung des Gesamtdaseins eines Volkes durch Repräsentation. Manchem dieser Verbände sind heute schon legale Mittel zur Einwirkung auf Regierung und Gesetzgebung eingeräumt, indem ihnen das Recht der Bitte und Antragstellung ausdrücklich zugewiesen wurde, indem sie die Pflicht haben, auf Verlangen Gutachten über geplante Gesetze und Verordnungen abzugeben. Hier liegt der Ansatz zu einer neuen Form der Gesetzgebung verborgen. Jene Idee Stuart Mills könnte sich nämlich nach der Richtung hin fortentwickeln, dafs sich für die einzelnen Zweige der Gesetzgebung Spezialparlamente auf Grund der sich immer stärker ausprägenden sozialen Gruppierung bilden. Es würde damit nur verstaatlicht werden, was unabhängig vom Staate sich heute bereits im Kampf der sozialen Gruppen geltend macht. So kennt das Arbeiterrecht der Gegenwart bereits Erscheinungen, die formal freier Übereinkunft entspringen, der sozialen Seite nach die Schöpfung eines Spezialrechtes für die interessierten Gruppen bedeuten, man denke nur bei entwickeltem Gewerkschaftswesen an die Tarifvereinbarungen und ihre Überwachung durch die Gewerkvereine. Es gibt daher heute schon eine Schaffung von Normen, die — nicht juristisch, wohl aber sozial — in gleicher oder doch ähnlicher Weise wirken wie Gesetze, und die nicht auf dem Wege der normalen Gesetzgebung entstehen.

Solche unmittelbar aus der Gliederung des Volkes hervorgehende Spezialparlamente könnten direkt nur mit der Regierung verkehren. Deren Aufgabe wäre es, die Forderungen der einzelnen Volkskreise gegeneinander abzuwägen, und das Zentralparlament hätte, mit viel beschränkterer Zuständigkeit als heute, diese Interessenausgleichung in seinem Schofse, vornehmlich durch Zustimmung oder Ablehnung, vorzunehmen.

Doch ich will mich nicht weiter auf das Gebiet der Vorschläge oder Vermutungen begeben. Eines wird aber von niemand, der ruhig und verständig die Verhältnisse der Staaten der Gegenwart zu überblicken vermag, bestritten werden können, dafs unser Verfassungsleben keineswegs bereits die endgültigen Formen gefunden hat, in denen es sich auf unabsehbare Zeit hinaus bewegen wird. Und in der grofsen und unleugbaren Tatsache, welche uns die so gewaltig vorwärtsstürmende Geschichte der Gegenwart lehrt, dafs über die Parlamente, über diese in so vielen Staaten künstlichen Schöpfungen der neuesten Zeit hinweg, die beiden einzigen unzerstörbaren natürlichen Mächte des Staates: Regierung und Volk, einander unmittelbar gegenüberzustehen beginnen, liegt der gewaltigste Verfassungswechsel der neueren Geschichte verborgen. Wohin er führen wird, werden einst unsere Enkel erfahren.

Pierersche Hofbuchdruckerei Stephan Geibel & Co. in Altenburg.

Made in the USA
Monee, IL
19 October 2026

66039208R00056